Nicholas G. Carr

Será que TI é tudo?

Repensando o papel da tecnologia da informação

Prefácio de **Laércio Cosentino**, CEO da TOTVS

Tradução
Henrique Amat Rêgo Monteiro

Revisão técnica
Renato Fonseca de Andrade

Diretor-Geral
Henrique José Branco Brazão Farinha

Gerente Editorial
Eduardo Viegas Meireles Villela

Editora-Assistente
Cláudia Elissa Rondelli

Editora de Desenvolvimento de Texto
Juliana Nogueira Luiz

Editora Produção Editorial
Rosângela de Araujo Pinheiro Barbosa

Controle de Produção
Elaine Cristina Ferreira de Lima

Produção Editorial
Casa de Ideias

Tradução
Henrique Amat Rêgo Monteiro

Revisão técnica
Renato Fonseca de Andrade

Capa
Le Pera

Foto de capa
Ali Mazraie Shadi/Shutterstock

Impressão
Prol Gráfica

Título original: *Does IT matter?: information technology and the corrosion of competitive advantage*
Copyright© 2004 by Harvard Business School Publishing Corporation
Publicado em acordo com Harvard Business Press.
Todos os direitos desta edição são reservados à Editora Gente.
Rua Pedro Soares de Almeida, 114
São Paulo, SP – CEP 05029-030
Telefone (11) 3670-2500
Site: http://www.editoragente.com.br
E-mail: gente@editoragente.com.br

Dados Internacionais de Catalogação na Publicação (CIP)
(Câmara Brasileira do Livro, SP, Brasil)

Carr, Nicholas G.
    Será que TI é tudo? : Repensando o papel da tecnologia da informação/ Nicholas G. Carr ; tradução Henrique Amat Rêgo Monteiro ; revisão técnica Renato Fonseca de Andrade. – São Paulo : Editora Gente, 2009.

    Título original: Does IT matter? : information technology and the corrosion of competitive advantage.

    Bibliografia
    ISBN 978-85-7312-661-7

    1. Inovações tecnológicas 2. Tecnologia da informação I. Fonseca, Renato. II. Título. III. Título: Repensando o papel da tecnologia da informação.

09-10799   CDD-658.4062

Índice para catálogo sistemático.
1. Tecnologia e inovação : Administração de empresas   658.4062

*Para Ann,
e para Nora e Henry*

Sumário

Apresentação à edição brasileira.................................. VII

Prefácio à edição brasileira IX

Prefácio – O grande debate.. XI

1 Transformações tecnológicas
 O surgimento de uma nova infraestrutura empresarial 1

2 Assentando trilhos
 A natureza e a evolução das tecnologias de infraestrutura....... 13

3 Uma mercadoria quase perfeita
 O destino dos equipamentos e dos programas de computação .. 33

4 O fim da vantagem
 A mudança no papel da TI nas empresas................................. 71

5 O solvente universal da estratégia
 O efeito corrosivo da TI sobre as vantagens tradicionais.......... 99

6 Administrando a área financeira
 Novos mandantes quanto aos investimentos e à
 administração da TI.. 123

7 Um sonho de máquinas maravilhosas
 A compreensão, e a compreensão errônea, da mudança
 tecnológica 157

Referências 171

Apresentação
à edição brasileira

Eis aqui um dos livros mais provocativos que o leitor poderia encontrar sobre o uso das novas tecnologias pelas empresas. Quando o mundo inteiro canta as virtudes e o poder de transformação da Tecnologia da Informação (TI), Nicholas Carr faz sua pergunta atrevida: "Does IT Matter?" – que nos dá a exata medida de sua dúvida sobre o efetivo valor dessa tecnologia: "TI tem importância?".

Pensador e escritor especializado em Economia e Negócios, ex-editor da famosa *Harvard Business Review*, Carr é ao mesmo tempo polêmico e respeitado. O impacto de suas teses tem provocado reações candentes, como no artigo publicado na edição de julho-agosto de 2008 da *Revista Atlantic*, com o título de: "Is Google Making Us Stupid?".

Para Nicholas Carr, no sentido mais amplo em que a expressão é usada atualmente, TI significa toda tecnologia, "tanto hardware quanto software, utilizada para armazenar, processar e transportar informação sob a forma digital".

Mas, adverte Carr, o grande problema é que "muitas empresas investem em TI no escuro", isto é, sem uma clara compreensão conceitual de seu impacto estratégico e financeiro. Em sua mensagem central está a crítica ao desvio tão frequente de corporações, ao concentrarem seus investimentos muito mais em infraestrutura tecnológica do que em outras estratégias tão ou mais importantes, como o aprimoramento de seus recursos humanos, quase sempre carentes de treinamento e atualização de conhecimentos.

O autor não nega, evidentemente, a importância do uso da TI em ambiente residencial ou sua incorporação nos produtos eletrônicos de entretenimento, que a cada dia nos oferecem novas áreas em fase de iminente maturação, à medida que o computador, a mídia e os eletrônicos domésticos convergem. E reconhece a extraordinária importância dessa tecnologia para os mercados emergentes, que, em geral, dispõem de uma infraestrutura muito menos avançada nessa área.

A meu ver, a advertência mais clara que autor nos faz está no final do Capítulo 6, quando ele diz: "A chave do sucesso para a maioria de empresas não é mais buscar a vantagem competitiva de maneira agressiva, mas administrar meticulosamente os custos e os riscos. Na esteira da crise da internet, muito executivos já começaram a adotar uma postura mais conservadora em relação à TI, gastando mais frugalmente e pensando mais de maneira pragmática. Eles estão no caminho certo".

Ainda em minha avaliação pessoal, o melhor conselho deste livro de Nicholas Carr, para todos os que estejam direta e profissionalmente envolvidos no processo decisório sobre o uso e os investimentos em TI, é refletir profundamente sobre as limitações da tecnologia e não adotar posição puramente emocional, favorável ou contrária à tese central da obra.

É claro que Nicholas Carr não defende a volta ao uso do ábaco nem de máquinas de escritório manuais ou eletromecânicas. O que ele faz, de forma convincente, é advertir-nos, do primeiro ao último capítulo, sobre os equívocos mais comuns na avaliação do papel estratégico da informatização nas empresas, contrapondo suas observações sobre o que devem ser os investimentos e sobre o uso adequado da tecnologia, sempre associada a um conjunto de requisitos que asseguram o sucesso de todo empreendimento econômico.

Ethevaldo Siqueira é jornalista especializado em TI, colunista do jornal O Estado de S. Paulo, *comentarista da Rádio CBN e autor de 11 livros sobre telecomunicações, informatização da sociedade e eletrônica de entretenimento.*

Prefácio
à edição brasileira

A pergunta "Tecnologia da Informação importa?" sem sombra de dúvida aquece os ânimos quando essa questão é debatida entre os defensores do uso de tecnologia como o fator fundamental para se buscar ou ampliar competitividade e os defensores do uso da tecnologia como um complemento de uma estratégia maior.

O debate é entre aqueles que acreditam que o mundo muda e sempre avança quando se investe em tecnologia da informação e aqueles que discutem como a tecnologia da informação pode colaborar com o crescimento antes de adotá-la.

É o confronto da TI como promessa de futuro com a TI como ferramenta de futuro.

Ferramenta que analisa custos envolvidos, processos a serem alterados, esforços a serem empregados e benefícios a serem auferidos, e que planeja a sua implementação e a implementa.

A promessa de futuro é definida, divulgada e evangelizada pelos fornecedores de TI e por usuários que se apropriam dela para serem ou se sentirem inovadores. A transformação da TI em ferramenta de futuro é defendida por usuários que se apropriam dela quando conseguem transformá-la em resultados.

A promessa de futuro conta com uma grande aliada chamada "Estratégia de Marketing", que utiliza a divulgação de resultados práticos para conscientizar os usuários de TI, e seu grande aliado é o conceito "Gestão de Investimento".

Gestão de Investimentos que transforma TI em negócios.

É certo que a tecnologia da informação tem desempenhado um papel importante e fundamental na evolução do mundo nos últimos cinquenta anos, mas seu uso de forma consciente, planejada e contínua amplia a possibilidade de obtenção de melhores resultados.

A relevância da pergunta do título é que ela, independentemente do lado de cada interlocutor, força a uma resposta que consiga quantificar e qualificar os reais benefícios obtidos pelos investimentos em tecnologia da informação realizados quer por empresas, quer pela própria sociedade.

A TI deve ser analisada no contexto interno das empresas e de cada sociedade e seus relacionamentos com o ecossistema a que pertençam, ou seja, uma TI que soluciona problemas internos e que permite a interação com a sociedade de que faz parte.

Atualmente, a TI pode ser considerada infraestrutura ou serviço, quando estiver disponibilizada remotamente ou em larga escala, como commodity, quando seu uso é uma obrigação ou necessidade, e sob medida, quando representa um grande diferencial de competitividade.

Não há dúvida de que o mundo mudou com o uso da TI e todos estão obrigados a adotá-la ou no mínimo avaliá-la.

Neste momento, fazer uma pausa para reanalisar os acertos e erros cometidos com TI é importante.

Este livro apresenta diversas ideias que obrigam aos líderes empresariais ou gestores a repensar o papel da TI nas organizações modernas, do reexame de pressupostos elementares até seu valor comercial. Sugere a discussão das implicações do uso da TI na gestão, na estratégia e na organização como um todo.

Avalia se os bilhões de dólares gastos em tecnologia da informação trouxeram o resultado esperado e impõe cautela nas próximas decisões acerca de TI.

É um livro polêmico, no final, e a cada capítulo o leitor se sente obrigado a se posicionar. O importante é que contribui positivamente para que o leitor participe do grande debate: "Tecnologia da Informação importa?".

Laércio Cosentino, CEO da TOTVS.

Prefácio
O grande debate

Mais de cinquenta anos se passaram desde que as empresas começaram a usar computadores, mas ainda assim não sabemos muita coisa sobre a influência deles sobre os negócios em geral e no desempenho corporativo em particular. Em uma perspectiva ampla, ainda não podemos dizer com precisão por que a computação teve pouca influência sobre a produtividade industrial ao longo de quatro décadas e de repente, em meados dos anos 1990, pareceram tornar-se a força motriz por trás de uma intensa aceleração na produtividade norte-americana. Nem podemos dizer com certeza por que os recentes ganhos em produtividade foram distribuídos de maneira tão desigual, aparecendo em determinados setores e regiões que investiram pesadamente em tecnologia da informação, mas não em outros setores e regiões que também despenderam grandes somas em equipamentos e programas de computação.

Quando observamos as empresas individualmente, o quadro torna-se ainda mais nebuloso. A tecnologia da informação (TI) mudou a maneira como as empresas executam muitas atividades importantes, mas não levou — pelo menos ainda — a nenhuma alteração na forma ou no tamanho das organizações corporativas. Ela tem produzido grandes benefícios a muitas empresas, até mesmo impelindo algumas a posições de liderança no setor, mas entre a maioria tem sido uma fonte mais de frustração e desapontamento do que de glória. A tecnologia da informação permite que muitas empresas cortem substancialmente seus custos com pessoal capital de giro, mas também leva os gerentes a investir dinheiro em iniciativas arriscadas e duvidosas, às vezes com resultados catastróficos.

Simplificando, continua sendo difícil, se não impossível, tirar quaisquer conclusões gerais sobre a influência da TI na competitividade e lucratividade das empresas de maneira individual. A tecnologia da informação tornou-se o maior dos gastos corporativos com capital — e um elemento de praticamente todo o processo empresarial moderno —, mas as empresas continuam a fazer investimentos em TI no escuro, sem uma compreensão conceitual clara do impacto estratégico e financeiro final. O objetivo deste livro é ajudar a promover essa compreensão, oferecendo aos gerentes comerciais e tecnológicos, assim como aos investidores e estrategistas, uma nova perspectiva sobre a intersecção entre a tecnologia, a competição e os lucros.

Por meio de uma análise de suas características específicas, da evolução de seu papel entre as empresas e dos precedentes históricos, pretendo demonstrar que a importância da TI não está aumentando, ao contrário do que muitos têm afirmado ou presumido, mas sim diminuindo. À medida que se tornou mais importante, mais padronizada e mais acessível, a TI transformou-se de uma tecnologia proprietária ,que as empresas podem usar para obter uma vantagem sobre as rivais, para uma tecnologia infraestrutural, que é compartilhada por todos os competidores. Em outras palavras, a tecnologia da informação transformou-se cada vez mais em um simples fator de produção — um investimento em insumos que é necessário para a competitividade, mas insuficiente como vantagem.

O surgimento de uma infraestrutura onipresente e compartilhada de TI tem, como mostrarei, muitas implicações práticas importantes, tanto em relação às empresas que administram e investem em tecnologia, quanto sobre como pensam a respeito de criar e perpetuar as vantagens competitivas. A maneira como os executivos reagem à mudança no papel da TI influenciará o destino de suas empresas nos próximos anos.

Antecedentes e alcance

Este livro aprofunda, amplia e estende um ponto de vista que apresentei originalmente em um artigo na edição de maio de 2003 da *Harvard Business Review*. O artigo, originalmente intitulado "IT Doesn't Matter" [A TI não tem importância], tornou-se o centro de um amplo e apaixonado debate entre os fornecedores e usuários da tecnologia da informação. Em dezenas de artigos publicados em jornais, revistas de economia e negócios e em periódicos especializados em TI de todo o mundo, a minha tese foi discutida e dissecada, questionada e criticada, atacada e defendida. Muitos executivos respeitados, professores de administração e jornalistas puseram à prova os pontos fortes e fracos da minha argumentação e apresentaram os próprios pontos de vista sobre a TI e seu significado para as empresas. Além do valor intelectual e prático da discussão, que é considerável, a própria amplitude e intensidade ressaltam tanto a importância desse assunto para as empresas quanto a profunda falta de consenso a respeito dele.

Para mim, o debate tem sido ao mesmo tempo gratificante e frustrante. Gratificante porque sinto que provoquei uma reflexão necessária, construtiva e há muito oportuna de um dos fenômenos empresariais mais importantes de meio século para cá. Um texto relativamente curto sobre economia e negócios raramente envolve tantas pessoas e traz à discussão tantas perspectivas controversas. E frustrante porque pelo menos algumas das críticas a meu artigo refletem interpretações errôneas a respeito dele — interpretações essas facilmente atribuíveis em alguns casos a minha própria falta de clareza em definir os termos e o alcance de minha argumentação. À medida que for desenvolvendo minha tese neste livro, tratarei de muitas das dúvidas que foram levantadas sobre meus pontos de vista, ao mesmo tempo em que expressarei esses pontos de vista com, espero eu, mais precisão e abrangência. Certamente não apresento este volume como sendo a última palavra, pois estou certo de que esta será uma discussão longa e proveitosa, mas realmente espero que ela ajude a mover o debate pelo menos para um pouco mais perto de conclusões concretas que tragam benefícios práticos para os executivos.

Quero apresentar desde logo algumas definições importantes, a começar pela expressão um tanto confusa que é a "tecnologia da informação" propriamente dita. Uso a expressão "TI" de um modo que acredito ser um consenso dos dias de hoje, indicando toda a tecnologia, tanto em matéria de equipamentos (hardware) quanto de programas de computação (software), usados para armazenar, processar e transportar as informações em forma digital.[1] É importante salientar que estou falando sobre a tecnologia propriamente dita. O significado de "TI" não abrange as informações que fluem através da tecnologia ou o talento das pessoas que usam essa tecnologia. Como observaram corretamente vários autores em resposta ao meu artigo na *Harvard Business Review*, as informações e o talento geralmente constituem a base da vantagem comercial. Isso sempre foi verdadeiro, e continuará sendo. Na realidade, à medida que o valor estratégico da tecnologia desaparece gradualmente, a habilidade com que ela é usada no dia-a-dia pode muito bem tornar-se ainda mais importante para o sucesso das empresas.

Ainda assim, o desenvolvimento de uma infraestrutura comum e universal de TI influencia, e em alguns casos limita, o modo pelo qual a tecnologia é usada por trás de tudo e em como as informações que ela contém são aproveitadas. Como espero demonstrar nas páginas seguintes, um dos maiores desafios com que os administradores atuais se deparam é compreender como a nova infraestrutura remodela muitas decisões operacionais e estratégicas. Até mesmo a contribuição dos insumos em si não pode ser dada como certa.

É importante também deixar claro que estou falando sobre as tecnologias usadas para a administração das informações dentro das empresas e na relação entre elas, no ambiente que veio a ser chamado de mundo desenvolvido. Não estou falando sobre o uso da TI nos lares ou a sua incorporação, em produtos de consumo, os quais me parecem áreas maduras para uma rápida inovação, à medida que vastos setores de computadores, mídia e produtos eletrônicos convergem.[2] E não estou falando sobre o seu uso nos mercados emergentes, que, em geral, têm infraestruturas de TI muito menos avançadas. Os fornecedores e usuários da TI em mercados emergentes podem aprender bastante com as experiências dos seus equivalentes no mundo desenvolvido, como espero que este livro esclareça, mas eles estão em posições diferentes e enfrentam desafios diferentes.

Estrutura do livro

Inicio com um breve capítulo introdutório, "Transformações tecnológicas", que apresenta uma visão geral da minha tese e salienta a importância de se examinar a TI de uma perspectiva estratégica. Nesse capítulo, enfatizo o que vejo como a mensagem central — e positiva — deste livro: a de que a transformação da TI de um conjunto de sistemas proprietários e heterogêneos em uma infraestrutura comum e padronizada é um processo natural, necessário e saudável. Só por tornar-se uma infraestrutura — um recurso comum — é que a TI pode proporcionar seus maiores benefícios econômicos e sociais.

O segundo capítulo, "Assentando trilhos", introduz e explica a distinção crítica entre as tecnologias proprietária e de infraestrutura. Explico de que maneira o uso comercial de tecnologias de infraestrutura do passado, das ferrovias à energia elétrica, evoluiu de um modo previsível que prenunciou o que temos visto com a TI. Em particular, os pioneiros de uma tecnologia de infraestrutura geralmente ganham vantagens duradouras nas etapas iniciais do seu desenvolvimento, mas à medida que a infraestrutura amadurece e torna-se mais barata, mais acessível e mais bem-compreendida, os concorrentes são capazes de copiar rapidamente todas as inovações mais recentes.

No Capítulo 3, "Uma mercadoria quase perfeita", analiso as características técnicas, econômicas e competitivas que fizeram com que a TI se prestasse a uma transformação particularmente rápida em tornar-se comum. Nesse capítulo, trato de duas das críticas mais importantes a minha argumentação: a primeira, de que desconsiderei o potencial quase ilimitado para as inovações em matéria de programas de computação e, a segunda, de que ignorei as mudanças continuadas no modo como são organizados os bens da TI — na "arquitetura" da TI, como argumentam os tecnólogos. Embora garantindo que os programas de computação são mais maleáveis e adaptáveis que as tecnologias de infraestrutura anteriores, características do que os tornam menos suscetíveis à "mercadorização", ou seja, à transformação em mercadorias, sustento que eles exibem outras características que os empurram em outra direção — a da mercadorização. E embora reconhecendo a contínua evolução da arquitetura da TI, suponho que nessa altura a maioria das inovações tendem a aumentar a confiabilidade e a eficiência da infraestrutura comum em vez de permitir usos proprietários dessa infraestrutura.

O Capítulo 4, "O fim da vantagem", considera a história do uso da TI pelas empresas, mostrando até que ponto esse uso acompanha de perto o padrão estabelecido por tecnologias de infraestrutura anteriores. Alguns críticos da minha tese argumentaram que "a TI nunca foi importante" como fonte de vantagem. Neste capítulo demonstro, por meio de estudos de casos de diversos pioneiros da TI, que os sistemas e as redes de informações na verdade constituíram obstáculos muito duráveis à competição no passado, mas que esses obstáculos deixaram de existir à medida que a TI evoluiu. Também apresento a ideia do *ciclo de replicação tecnológica*, um conceito fundamental para avaliar se um investimento estratégico em TI acabará por compensar.

O Capítulo 5, "O solvente universal da estratégia", realiza uma análise profunda da administração da TI para explicar como o surgimento de uma nova infraestrutura empresarial pode mudar a base da competição nos mercados. Discuto os efeitos corrosivos da infraestrutura da TI sobre algumas formas tradicionais de vantagem competitiva e explico como o sucesso das empresas gira cada vez mais em torno da busca simultânea de vantagens, tanto *sustentáveis* quanto *alavancáveis*. Também explico como as empresas deveriam tomar cuidado ao equilibrar a necessidade de compartilhar informações e processos com parceiros com a necessidade de manter a sua integridade organizacional. A infraestrutura da TI facilita a especialização e a terceirização, mas isso não significa que as empresas devam se apressar em buscá-las.

No Capítulo 6, "Administrando a área financeira", volto-me para as implicações administrativas práticas da mercadorização da TI.

Salientando a importância de controlar custos e riscos, apresento quatro diretrizes para os investimentos e a administração em relação à TI: gaste menos; acompanhe, não lidere; inove quando os riscos forem baixos; e concentre-se mais nas vulnerabilidades do que nas oportunidades. Também ofereço certo número de exemplos de práticas recentes entre as empresas que representam modelos de ação. A minha intenção aqui não é oferecer um livro didático sobre TI — outros estão mais qualificados do que eu para a tarefa —, mas, muito ao contrário, oferecer uma nova perspectiva administrativa que ajude tanto os gerentes comerciais quanto os tecnológicos a tomarem decisões adequadas nos próximos anos.

No último capítulo, "Um sonho de máquinas maravilhosas", analiso as consequências mais amplas da tecnologia da informação sobre as economias e as sociedades. Explico como o nosso entusiasmo natural por uma nova tecnologia, com sua promessa de renovação, pode nos levar a exagerar seus benefícios e a desconsiderar seus custos, e analiso como essa inclinação tem influenciado as nossas percepções da assim chamada revolução dos computadores.

Essa discussão é especialmente oportuna atualmente. Estamos chegando a um ponto decisivo na história da TI nas empresas com a convergência de três tendências importantes que moldarão o futuro. Em primeiro lugar, as empresas estão reavaliando o tratamento dado ao investimento e à administração da TI enquanto que a economia sai do declínio do pós-estouro da internet. Segundo, o setor da tecnologia encontra-se no meio de uma reestruturação, enquanto os fornecedores remodelam suas estratégias competitivas em resposta às mudanças no mercado. Terceiro, os estrategistas e economistas estão avaliando o impacto geral dos computadores sobre o desempenho e a produtividade industrial, o que levará a decisões governamentais fundamentais sobre o desenvolvimento da infraestrutura da TI em todo o mundo. Fazer as escolhas certas em todas essas áreas requer uma troca de informações e opiniões abertas, e é com esse espírito que ofereço este livro.

Agradecimentos

Várias pessoas ajudaram-me a organizar os meus pensamentos e palavras. Na *Harvard Business Review*, os meus ex-colegas David Champion, Andy O'Connell, Anand Raman e Tom Stewart forneceram sugestões editoriais especialmente valiosas enquanto eu escrevia o artigo que evoluiria para este livro. Jeff Kehoe, o meu editor na *Harvard Business School Press*, ajudou-me a focalizar a mente e a minha argumentação. Jeff também conseguiu cinco revisores anônimos, todos especialistas no campo da TI, para criticar os originais do livro, e os seus comentários incisivos levaram a aprimoramentos na lógica e em todo o texto. Muitos outros autores do campo de economia, negócios e tecnologia influenciaram o meu pensamento e ajudaram a dar forma à minha argumentação; documento essas influências nas notas e na bibliografia no fim do livro. Finalmente, quero agradecer ao pessoal da *Gleason Public Library*, que cuidou de um número espantoso de pedidos de obras entre bibliotecas com um bom humor inalterado.

Notas

1. Ao longo do livro, uso as expressões "tecnologia da informação" e "TI", por representarem a forma mais comumente usada. Em outras regiões do mundo, são utilizadas outras expressões, talvez mais precisas, como

"tecnologia da informação e das comunicações" e "TIC". Da maneira como costumam ser usadas, acredito que "TI" e "TIC" têm um sentido comum, e com isso em mente resolvi usar "TI".

2. Na verdade, o centro de inovações do setor de TI parece estar mudando das empresas para o mercado de consumo. Com os PCs domésticos sendo cada vez mais usados na edição de vídeo, áudio e processamento de imagens, além de jogos muito ilustrados, o usuário médio do computador doméstico atualmente tem uma necessidade maior de potência adicional de processamento e de programas mais inovadores do que os usuários médios das empresas.

CAPÍTULO 1

Transformações tecnológicas

O surgimento de uma nova infraestrutura empresarial

Em 1969, um jovem engenheiro elétrico chamado Ted Hoff teve uma ideia ao mesmo tempo simples e inteligente. Hoff acabara de ingressar na Intel Corporation, uma empresa que se iniciava no ramo dos semicondutores em Santa Clara, Califórnia, e fora designado para um projeto a fim de produzir um conjunto de doze microchips para uma nova calculadora em desenvolvimento pela empresa japonesa de produtos eletrônicos Busicom. Cada chip seria destinado a uma função diferente: um executaria os cálculos, um controlaria o teclado, um exibiria as imagens na tela, um controlaria a impressão e assim por diante. Tratava-se de uma missão delicada — alguns chips precisariam conter até 5.000 transistores, e todos eles precisariam encaixar-se precisamente dentro do aparelho —, e Hoff temia que o custo total do conjunto de chips acabasse excedendo o orçamento da Busicom. Ele, então, deixou de lado o plano original do cliente e adotou uma metodologia completamente diferente. Em vez de tentar encher a calculadora com uma dúzia de chips especializados, Hoff decidiu criar um único chip para tudo — uma unidade de processamento central — que poderia se incumbir de muitas funções diferentes. Dois anos depois, a ideia de Hoff teve sucesso quando a Intel revelou seu semicondutor 4004, o primeiro microprocessador do mundo.[1]

Ao apresentar o cérebro para uma nova geração de computadores pequenos e fáceis de programar, o microprocessador mudou o curso não só da computação, mas também do comércio. Embora os computadores fossem usados nas empresas desde 1951 — quando a J. Lyons & Company, uma empresa britânica de comidas prontas que controlava uma cadeia popular de lojas de chá —, seu tamanho, complexidade e inflexibilidade tendiam a limitar o uso em tarefas rotineiras rigidamente definidas, como o processamento de folhas de pagamento, discriminação de inventários e execução de cálculos de engenharia. O microprocessador programável desencadeou toda a potência do computador, permitindo-o ser usado por todos os tipos de pessoas, para todos os tipos de coisas, e em todos os tipos de empresas.

A invenção de Hoff promoveu o surgimento de inovações na computação empresarial. Em 1973, Bob Metcalfe criou a Ethernet, o elo para redes de comunicações locais. Em 1975, apareceu o primeiro computador pessoal produzido em massa. Em 1976, os Laboratórios Wang introduziram o sistema de Processamento de Textos, levando os computadores aos escritórios. Em 1978, o primeiro programa de planilhas, o VisiCalc, foi posto à venda, seguido, em 1979, pelo WordStar, o primeiro processador de textos para PC (*personal computer*) e pelo primeiro sistema de banco de dados relacional Oracle. Em 1982, a introdução do TCP/IP, um conjunto de protocolos de comunicação por rede, abriu caminho para a moderna internet. Em 1984, chegou o Macintosh, com a sua interface gráfica fácil de usar, assim como a primeira impressora a *laser* de mesa. Em 1989, os e-mails começaram a fluir pela internet, e em 1990 foi inventada a World Wide Web por Tim Berners-Lee. À medida que a década de 1990 prosseguia, proliferavam os websites e as intranets corporativas. Cada vez mais transações comerciais começaram a ser realizadas on-line, e os fabricantes de *softwares* criaram novos programas sofisticados para administrar tudo, desde a aquisição de suprimentos até a distribuição de produtos para comercialização, além das vendas.

Juntamente com a retirada das restrições governamentais sobre o comércio, a proliferação dos equipamentos e programas de computação foi o principal fator a dar forma aos negócios ao longo dos últimos quarenta anos. Atualmente, poucos ainda questionam que a tecnologia da informação tornou-se a espinha dorsal do comércio no mundo desenvolvido. Ela sustenta as operações de empresas individuais, estabelece a união de cadeias de abastecimento dispersas e relaciona cada vez mais empresas com os clientes a que elas atendem; permeia a produção, as vendas no atacado, a distribuição para o varejo e a prestação de serviços; é encontrada em escritórios executivos e no ambiente das fábricas, nos laboratórios de P&D (Pesquisa & Desenvolvimento) e nos lares dos consumidores. Dificilmente um dólar ou euro mudará novamente de mãos sem o auxílio dos sistemas de computação.

A grande mudança de atitude

O poder e a presença da tecnologia da informação se expandiram e as empresas passaram a considerá-la como um recurso cada vez mais decisivo para o seu sucesso. A importância crescente atribuída à TI pode ser percebida mais nitidamente nos hábitos de gastos corporativos. Em 1965, de acordo com os dados da Agência de Análises

Econômicas do Departamento de Comércio americano, menos de 5% dos gastos de capital das empresas americanas foram para a TI. Depois da adoção disseminada dos computadores pessoais no início da década de 1980, o porcentual subiu para 15%. No início da década de 1990, esse porcentual chegou a mais de 50%.[2] Mesmo depois da recente diminuição dos gastos com tecnologia, a empresa média americana ainda investe tanto em TI quanto em outras despesas de capital somadas. Em todo o mundo, as empresas gastam aproximadamente 1 trilhão de dólares por ano em equipamentos, programas e serviços da TI — mais de 2 trilhões, se incluirmos os serviços de telecomunicações.[3]

No entanto, a veneração da TI vai mais fundo do que é expresso em dólares. Ela é evidente também na mudança de práticas e atitudes dos gerentes de nível superior e de seus conselheiros. Vinte anos atrás, a maioria dos executivos considerava os computadores como ferramentas proletárias — as glorificadas máquinas de escrever e as calculadoras —, na melhor das hipóteses relegados aos funcionários de nível inferior, como secretárias, analistas e técnicos. Quando um anúncio de 1981 do computador Star office da Xerox trouxe um gerente trabalhando efetivamente na máquina, a imagem pareceu ridícula. Era raro o executivo que permitisse que os seus dedos tocassem um teclado, muito menos que incorporasse TI à sua estratégia profissional.

Durante a década de 1990, porém, testemunhamos uma mudança enorme no pensamento administrativo. À medida que as redes de computadores se expandiam, culminando no surgimento da internet, os executivos do mais alto nível também começaram a usar computadores no trabalho diário — não ter um PC sobre a escrivaninha de repente estigmatizava as pessoas como "dinossauros".

Eles também começaram a falar rotineiramente sobre o valor estratégico da tecnologia da informação, sobre como poderiam usar a TI para obter vantagem competitiva e sobre a "digitalização" dos seus modelos comerciais. A maioria designou executivos-chefes de informações para suas equipes administrativas de alto escalão e muitos contrataram empresas de consultoria para fornecer ideias avançadas sobre como usar os investimentos na TI para obter diferenciação e vantagem. Uma pesquisa de opinião feita em 1997 conduzida pela Faculdade de Economia de Londres revelou que os executivos-chefes e diretores de grandes empresas norte-americanas e europeias acreditavam que, até o final da década, 60% das suas iniciativas na TI seriam voltadas para "obter vantagem competitiva" em vez de apenas "manter-se atualizado ou sobreviver". "Isso representa", observaram os autores do estudo, "uma reviravolta total nas opiniões expressas na década de 1980 e no início dos anos 1990".[4]

A reviravolta é perfeitamente resumida pela história de Jack Welch, da General Electric, o mais aclamado chefe-executivo dos últimos tempos. Welch não se deu ao trabalho de explorar pessoalmente o funcionamento da internet antes de 1999, quando, durante um período de férias no México, a esposa colocou-o diante do seu laptop e mostrou-lhe como enviar um e-mail e usar um navegador da rede. Welch foi imediatamente "fisgado", como escreveria mais tarde em sua autobiografia, e quando voltou ao trabalho levou consigo o recém-descoberto entusiasmo. Dentro de um ano, encabeçara uma iniciativa de "destruaoseunegócio.com" e virara de cabeça para baixo os tradicionais modelos empresariais da GE, exigindo que os principais 500 executivos da empresa encontrassem jovens "mentores em internet" para ensinar-lhes sobre as novas tecnologias, além de convidar o CEO da Sun Microsystems, Scott McNealy, para ingressar na diretoria da GE como uma espécie de guru tecnológico corporativo. "Todo mundo começou a pensar em dígitos", recorda-se Welch. "Foi uma grande mudança de atitude em toda a organização."[5]

Com o colapso do estouro da internet, o pêndulo começou a oscilar para trás. Ao longo dos últimos anos, à medida que ficava dolorosamente claro que muitos dos investimentos em tecnologia da década de 1990, especialmente os investimentos estratégicos, tinham ido para o lixo, os executivos das empresas novamente tornaram-se cada vez mais céticos em relação à TI, lançando olhares indiferentes tanto em relação às propostas quanto a grandes iniciativas em novas tecnologias. Mas apesar da descrença em relação a gastos agressivos nessa área, o sentimento geral sobre a importância estratégica da TI permanece forte no mundo empresarial e continua a ser promovido intensamente pelo setor de tecnologia, assim como por muitos consultores e jornalistas. A "grande mudança de atitude", como a classificou Welch, continua a influenciar o modo como as empresas consideram e usam a TI.

Na verdade, a ligação presumida entre a TI e a estratégia empresarial tornara-se tão enraizada na linguagem dos negócios que atualmente a temos como certa. "Atualmente", proclamam os autores de um artigo na prestigiosa *MIT Sloan Management Review*, "a explosão das informações digitais disponibiliza uma nova série de opções estratégicas, pondo ao nosso alcance o Santo Graal da diferenciação".[6] O grupo tecnológico Blackstone anuncia que "a implementação de soluções de tecnologia da informação voltadas para o futuro tornou-se uma verdadeira fonte de vantagem competitiva".[7] O chefe-executivo de informações (ou CIO) da Cisco Systems afirma que "a TI está se tornando uma ferramenta mais eficaz na obtenção de vantagem competitiva, sem dúvida nenhuma".[8] A Microsoft afirma no seu website que um novo sistema de informações em um dos seus clientes "produz uma tremenda rentabilidade estratégica".[9]

Por trás dessa retórica reside um pressuposto simples: à medida que o poder da TI aumenta em todos os sentidos, o mesmo acontece com sua importância estratégica. Trata-se de um pressuposto razoável, mesmo que seja intuitivo. Mas é errado. O que torna um recurso empresarial verdadeiramente estratégico — que lhe confere a capacidade de ser a base para uma vantagem competitiva sustentável — não é sua onipresença, mas sua escassez. Ganha-se vantagem sobre os rivais por ter algo ou fazer algo que eles não têm ou não fazem. No momento, as funções essenciais da TI — armazenamento, processamento e transporte de dados — tornaram-se disponíveis e acessíveis a todos. O verdadeiro poder e a presença da tecnologia da informação começaram a transformá-la de um recurso potencialmente estratégico em algo que os economistas chamam de insumo, um custo de manutenção da empresa que deve ser pago por todos, mas que não confere distinção a ninguém.

A visão estratégica

E daí?, alguém pode perguntar. Não basta que a TI capacite as empresas a funcionar de maneira mais eficiente ou oferecer melhores serviços, reduzir custos ou aumentar a satisfação do cliente? O que há de tão importante em conseguir uma diferenciação, afinal? A resposta é esta: a diferenciação é o que no fim determina a lucratividade da empresa e assegura sua sobrevivência. Se as empresas de um grupo de concorrentes em um mercado livre não se diferenciam — se os seus produtos são fabricados e distribuídos de maneira igual e visam os mesmos clientes — então elas só terão uma base para concorrer: o preço. Na batalha para efetivar uma venda, elas farão os preços umas das outras abaixarem a tal ponto que, com a lógica brutal do mercado, esses preços cairão até quase o custo de produção. Todas as empresas serão forçadas a subsistir sob a escravização das margens de lucro, equilibrando-se precariamente sobre a linha divisória entre perda e ganho.

Entretanto, se uma das empresas for capaz de se destacar do conjunto — alcançar aquele "Santo Graal da diferenciação" — então será capaz de evitar os efeitos danosos da competição de preços. Se ela conseguir encontrar um meio de tornar os seus produtos mais atraentes aos compradores do que os da concorrência, então ela será capaz de estabelecer seus preços um pouco mais acima e obter um adicional em cada venda. Ou se ela conseguir encontrar um meio de fabricar os seus produtos de um modo mais barato que as concorrentes, ela poderá receber um belo lucro mesmo diante do preço prevalecente no mercado — ao passo que as suas concorrentes ganharão pouco ou nada. A conquista da diferenciação é a meta predominante e o teste final de toda estratégia comercial. A longo prazo, é a única maneira de uma empresa conseguir impulsionar seus ganhos e assegurar o futuro.

Os investimentos em recursos que proporcionam diferenciação podem, por si mesmos, proporcionar retornos atraentes na forma de lucros maiores, enquanto os investimentos em recursos que são compartilhados pela maioria — que são os insumos — não proporcionam o mesmo. Quaisquer aumentos na produtividade ou no valor agregado ao cliente que os insumos produzam acabarão sendo alvo de competição de qualquer maneira. Os ganhos acabarão nas mãos dos clientes, não no resultado final da empresa. É claro que as empresas muitas vezes não têm escolha a não ser gastar dinheiro, às vezes demasiadamente, com insumos. Em muitos casos, elas simplesmente não podem funcionar sem eles — pense nos materiais de escritório ou nas matérias-primas e na eletricidade. E mesmo que um insumo não seja essencial às suas operações, as empresas ainda podem precisar investir neles simplesmente para se manter no nível das outras empresas concorrentes — para impedir que as concorrentes obtenham vantagem. O que é decisivo é ser capaz de distinguir os insumos dos recursos que realmente têm o potencial para produzir vantagem. Só então uma empresa evitará o desperdício de dinheiro e os becos sem saída estratégicos.

Olhando para a frente, olhando para trás

Para os executivos comerciais, a transformação da TI de uma fonte de vantagem competitiva em um custo de manutenção da empresa que levanta uma infinidade de desafios. Eles precisam considerar atentamente o quanto gastam em TI e como alocam essas despesas. Eles precisam reavaliar a maneira como administram os seus bens e o seu pessoal da TI. Precisam também repensar suas relações com os fornecedores de equipamentos, programas e serviços correlatos. Essas reavaliações levam diferentes empresas a diferentes conclusões, dependendo de suas circunstâncias particulares, pontos fortes e fracos. A maioria das empresas, porém, descobre que à medida que a TI se funde à infraestrutura geral da empresa, diminuir os riscos torna-se mais importante do que buscar a inovação, e reduzir os custos adquire precedência em relação a fazer novos investimentos. O sucesso, em outras palavras, está mais ligado à defesa do que ao ataque.

Toda mudança fundamental na infraestrutura da empresa também influencia a natureza da competição entre as empresas. Algumas vantagens tradicionais tornam-se menos importantes ou menos sustentáveis, ao passo que outras ganham um destaque novo ou maior. Além da administração da TI em si, portanto, os gerentes provavelmente se depararão com questões estratégicas difíceis e complexas nos próximos meses e anos. A nossa empresa está adequadamente posicionada no nosso setor, ou precisamos mudar o papel, ou os papéis, que desempenhamos? Os concorrentes vão considerar mais fácil copiar os trunfos que antes nos diferenciavam? O tamanho ou o alcance da nossa organização deve mudar? Devemos estabelecer novas, ou diferentes, relações com outras empresas? Quando a infraestrutura da empresa muda, as possibilidades e os custos dos tropeços estratégicos aumentam.

À medida que os administradores entendem melhor esses desafios operacionais, organizacionais e estratégicos, eles devem tomar um cuidado especial em se desapegarem das ilusões que as novas tecnologias costumam inspirar — o que tem sido uma marca registrada especial da chamada era digital. Embora seja cada vez menos provável que a TI confira vantagem a uma empresa de maneira isolada, esses executivos com visão mais clara e menos distorcida da mudança do papel da TI serão capazes de fazer escolhas mais inteligentes e seguras do que os seus rivais menos cautelosos e menos esclarecidos. E isso pode ser a base para uma vantagem competitiva forte e durável.

Quando se depara com uma situação nova e complicada, o gerente sensato sempre olha para trás antes de se voltar para a frente, sabendo que mesmo os fenômenos mais desorientadores normalmente têm precedentes no passado. Esse é certamente o caso da transformação do papel da TI. A tecnologia da informação é talvez mais bem compreendida como a última em uma série de tecnologias amplamente adotadas que remodelaram o setor produtivo ao longo dos dois últimos séculos — desde a máquina a vapor e as ferrovias até o telégrafo e o telefone, até a rede elétrica e a malha rodoviária. Por breves períodos, enquanto estavam sendo embutidas na infraestrutura comercial, todas essas tecnologias ofereceram oportunidades para as empresas mais ágeis e visionárias de obter vantagens reais sobre a concorrência. Mas, à medida que sua disponibilidade aumentou e seu custo diminuiu — quando elas se tornaram disseminadas em todas as partes —, todas elas se transformaram em insumos. Muitas vezes elas continuaram por muitos anos a oferecer grandes aprimoramentos nas práticas empresariais e a elevar a produtividade de setores inteiros. Mas do ponto de vista estratégico elas começaram a se tornar invisíveis; elas passaram a importar cada vez menos para as vantagens competitivas das empresas em si.

A tecnologia da informação está seguindo pelo mesmo caminho. Uma vez que se torna cada vez mais barata e mais padronizada, seu poder e a sua capacidade de diferenciação começam a frustrar as necessidades da maioria das empresas, as vantagens que antes oferecia se dissipam, e seu grande poder de transformação começa a desaparecer. Essa mudança, o passado deixa bem claro, é ao mesmo tempo natural e necessária. Assim como ocorreu com as ferrovias, a eletricidade e as estradas, só por se tornar uma infraestrutura comum e padronizada é que a TI será capaz de proporcionar os seus maiores benefícios econômicos e sociais, elevando a produtividade e os padrões dinâmicos, além de servir como plataforma para uma série de novos e desejáveis bens de consumo e serviços. A história revela que a TI precisa se tornar comum — precisa perder a sua importância estratégica como um diferenciador das empresas — se for para desempenhar seu potencial.

Notas

1. Rob Walker. "Interview with Marcian (Ted) Hoff", *Silicon genesis: oral histories of semiconductor industry pioneers*, 3 mar. 1995. Disponível em: <http://www.stanford.edu/group/mmdd/SiliconValley/SiliconGenesis/TedHoff/Hoff.html>. Acesso em: 16 jun. 2003. Veja também: Jeffrey Zygmont, *Microchip: an idea, its genesis, and the revolution it created*. Cambridge, MA: Perseus, 2003, p. 104-119.

2. Departamento do comércio americano. *The emerging digital economy*, abr. 1998, p. 6.

3. Gartner Dataquest. "Update: IT spending", jun. 2003. Disponível em: <http://www.dataquest.com/press_gartner/quickstats/ITSpending.html>. Acesso em: 13 ago 2003.

4. "The compass world IT strategy census 1998-2000". Rotterdam, Holanda: Compass Publishing BV, 1998, p. 4-5.

5. Jack Welch e John A. Byrne. *Jack: straight from the gut*. Nova York: Warner Books, 2001, p. 341-351.

6. Adrian Slywotzky e Richard Wise. "An unfinished revolution". *MIT Sloan Management Review* 44, n. 3, primavera, 2003, p. 94.

7. Blackstone Technology Group. "Blackstone Technology Group — Expertise". Disponível em: <http://www.bstonetech.com/Expertise_4.asp>. Acesso em: 28 jun. 2003.

8. Brad Boston. "Cisco Systems' CIO Brad Boston responds to Nicholas G. Carr's article 'IT Doesn't Matter'", 25 jun. 2003. Disponível em: <http://newsroom.cisco.com/dlls/hd_062503.html>. Acesso: em 26 jun. 2003.

9. Microsoft. "What .NET means for IT professionals", 24 jul. 2002. Disponível em: <http://www.microsoft.com/net/business/it_pros.asp>. Acesso em: 28 jun. 2003.

CAPÍTULO 2

Assentando trilhos

A natureza e a evolução das tecnologias de infraestrutura

A empresa moderna, pode-se dizer, nasceu no outono de 1829, no vilarejo inglês de Rainhill. Localizado 16 quilômetros a leste de Liverpool, Rainhill situa-se diretamente no caminho da ferrovia que liga Liverpool e Manchester, uma linha importante que estivera em construção desde 1826, e que se esperava que estivesse concluída no fim de 1830. O custo de assentar os pouco mais de 50 quilômetros de trilhos excederia meio milhão de libras esterlinas, tornando essa linha a mais cara ferrovia já construída até então. Os proprietários da linha, ansiosos por recuperar o enorme investimento, estavam desesperados para aumentar a atratividade do transporte ferroviário com o aumento da velocidade. Na época, os trens raramente ultrapassavam os 16 quilômetros por hora, o que os tornava um pouco mais rápidos do que as carruagens puxadas por cavalos.

Sabendo que quaisquer aumentos significativos de velocidade teriam de decorrer de inovações técnicas no projeto de locomotivas, os proprietários da linha decidiram organizar uma competição incomum nas imediações de Rainhill. Cinco locomotivas a vapor de último tipo recém-construídas, a Rocket, a Novelty, a Sans Pareil, a Cycloped e a Perseverance, deveriam percorrer uma distância de 120 quilômetros — vinte percursos circulares completos sobre 6 quilômetros de trilhos —, e aquela que completasse o itinerário com a maior velocidade e eficiência receberia um prêmio de 500 libras. Além disso, o projetista da vencedora poderia esperar um contrato lucrativo para fornecer locomotivas a serem usadas na nova linha.

A semana das *Rainhill Trials* [Provas de Rainhill], como a competição ficou conhecida, atraiu espectadores de todo o país assim como recebeu uma intensa cobertura da imprensa britânica. A competição não se revelou, entretanto, algo além de uma competição — e só a locomotiva Rocket foi capaz de concluir a distância total sem quebrar. Ainda assim, o evento adquiriu grande importância histórica. As máquinas, equipadas com a última palavra em matéria de energia a vapor, alcançaram velocidades sem precedentes durante suas voltas, como a Novelty que, em certa altura, alcançou mais de 51 quilômetros por hora, e a Rocket, que foi capaz de manter uma velocidade de 48 quilômetros por hora. A era do transporte de longa distância em alta velocidade havia chegado.

A importância das Provas de Rainhill não se esvaiu entre o público presente. Um repórter especialmente perspicaz da revista *Mechanics Magazine* escreveu entuasiasticamente sobre o potencial revolucionário da locomotiva a vapor:

> Consideramos que não seria exagero dizer, mas isso produzirá uma mudança completa no perfil da sociedade britânica. O efeito será muito semelhante ao de levar a oficina do fabricante para perto do cais onde são recebidas as matérias-primas e de onde possa devolvê-la de forma manufaturada para as partes mais distantes do mundo, ou como se as minas de carvão, as minas de ferro e as olarias do centro da Inglaterra fossem espalhadas ao longo das praias. As vantagens locais

peculiares terão menos importância do que tiveram na nossa história manufatureira e comercial, uma vez que o que quer que um lugar produza, poderá [ser] transportado de maneira rápida e barata para outro; e em vez de as nossas manufaturas continuarem concentradas em duas ou três cidades grandes — com muito prejuízo das condições morais e físicas daqueles que nelas estão empregados — podemos esperar vê-las se espalhando gradualmente por todo o reino. Deixar o país não será mais um termo equivalente a todo tipo de inconveniências, e virá a ser uma mera questão de escolha, seja para um homem de negócios que more perto do seu escritório, seja para outro que viva a 50 quilômetros do seu [...]. Proporcionalmente também, quanto maior for o comércio entre os homens, com essa facilidade, o intercâmbio de mercadorias será mais barato do que nunca.[1]

A profecia do repórter anônimo acabou se revelando consideravelmente exata. Com a chegada do século XIX, a rápida expansão das ferrovias, em conjunto com o avanço das tecnologias correlatas, como a energia a vapor e o telégrafo, transformaria o comércio em quase todas as partes do mundo. Os trilhos das ferrovias, e os fios do telégrafo que correm ao longo delas, se tornariam a nova infraestrutura das empresas, interligando distantes produtores de mercadorias com seus fornecedores e consumidores. Combinada com os progressos contínuos nos transportes oceânicos e costeiros, a disseminação das ferrovias fez nascer os mercados globais e a competição mundial e, por sua vez, organizações e métodos empresariais radicalmente novos.

O sistema ferroviário acabaria por se revelar a primeira entre várias tecnologias amplamente adotadas, interligando empresas em uma rede de relacionamentos cada vez mais intrincada. Além da rede telegráfica, com os seus fios e cabos intercontinentais, seria a vez da malha elétrica, da rede telefônica, da malha rodoviária, da transmissão do rádio e da televisão e, já em nossa época, da rede dos computadores. Diversos comentaristas contemporâneos observaram as semelhanças entre essas tecnologias, e muitos identificaram paralelismos especialmente fortes entre o desenvolvimento da rede ferroviária, em meados dos anos 1800, e a expansão da tecnologia da informação, especialmente a internet, no final dos anos 1900.[2]

No entanto, falta alguma coisa nessas comparações. A maioria concentrou-se ou no padrão de investimentos associados ao emprego das tecnologias — o ciclo da expansão seguida de falência, com a sua mania correspondente de investimentos — ou no seu papel transformador de setores inteiros. Pouco foi dito sobre a maneira como essas tecnologias influenciaram — ou deixaram de influenciar — a competição entre as empresas.

No entanto, é no que os economistas chamam de "nível da empresa", que a história oferece algumas das suas lições mais profundas. A história das ferrovias, e das outras grandes tecnologias industriais dos séculos XIX e XX, apresenta-nos um padrão de como as empresas se adaptam às amplas mudanças tecnológicas e como o processo de adaptação influencia a competição e a estratégia. Quando recuamos um pouco do tumulto tecnológico dos últimos trinta anos, descobrimos que é um padrão que corresponde de perto ao que vimos quando as empresas apressaram-se a incorporar tecnologias da informação ainda mais poderosas e sofisticadas aos seus negócios.

Vantagens do acesso

É importante desde logo fazer uma distinção entre *tecnologias proprietárias* e o que poderia ser chamado de *tecnologias de infraestrutura*.

As tecnologias proprietárias podem ser de propriedade, real ou efetivamente, de uma única empresa. Uma empresa farmacêutica, por exemplo, pode deter uma patente sobre um determinado composto que serve como base para uma família de medicamentos. Um fabricante industrial pode descobrir um modo inovador de empregar um processo tecnológico que a concorrência considere difícil de imitar. Uma empresa de bens de consumo pode deter a licença exclusiva dos direitos a um novo material de embalagem que dê ao seu produto vida mais longa na prateleira do que os de outras marcas. Desde que permaneçam protegidas da concorrência, as tecnologias proprietárias podem ser a base para vantagens estratégicas de longo prazo, capacitando as empresas a auferir lucros maiores do que as rivais.

As tecnologias de infraestrutura, em contraste, oferecem uma rentabilidade muito maior quando compartilhadas do que quando usadas isoladamente. Lembre-se, por um instante, dos dias das Provas de Rainhill e imagine que uma empresa manufatureira detinha as propriedades dos direitos sobre toda a tecnologia exigida para desenvolver uma ferrovia — os trilhos e os comutadores, as locomotivas e os vagões. Se quisesse, essa empresa poderia simplesmente construir linhas particulares entre seus fornecedores, as fábricas, e seus distribuidores, e conduzir seus próprios trens sobre os trilhos. E, em consequência disso, poderia muito bem funcionar de maneira muito mais eficiente. No entanto, para a economia em geral, a rentabilidade produzida por um arranjo desses seria trivial em comparação com a rentabilidade que seria produzida pela construção de uma rede ferroviária aberta, ligando muitas empresas e muitos compradores. As características e a economia das tecnologias de infraestrutura, sejam de ferrovias, de linhas telegráficas, sejam de usinas elétricas ou de autoestradas, tornam inevitável que elas sejam compartilhadas amplamente — que se tornem parte da infraestrutura comercial geral.

Às vezes, porém, a distinção entre tecnologias de infraestrutura e proprietária pode tornar-se confusa. Nas fases iniciais do seu desenvolvimento, uma tecnologia de infraestrutura pode assumir, e geralmente assume, a forma de uma tecnologia proprietária. Na medida em que o acesso à tecnologia é restrito — por meio de limitações materiais, altos custos, regulamentações governamentais ou falta de padrões de utilização —, as empresas geralmente têm oportunidades de usá-la para obter vantagens sobre as rivais.

Esse foi o caso das ferrovias durante grande parte do século XIX, quando as linhas distribuíam-se desigualmente e variáveis críticas, como as bitolas dos trilhos, os mecanismos de acoplagem e até mesmo os fusos horários, ainda precisavam ser padronizadas. Os fabricantes com fácil acesso ao transporte ferroviário, e em particular a longas linhas com muitas ramificações, poderiam alcançar um nível de eficiência no transporte de matérias-primas e embarque das mercadorias acabadas que a maioria dos concorrentes não era capaz de acompanhar. A abertura da ferrovia Baltimore-Ohio em 1830, por exemplo, revelou-se um grande avanço para as empresas próximas de Baltimore, dando-lhes, no final, ligações melhores tanto para as minas de carvão do Atlântico médio quanto novos mercados no oeste. Mesmo com a expansão e a integração das ferrovias, ter melhor acesso ao sistema continuou a produzir vantagens, como perceberam algumas empresas que enxergaram mais longe. Entre 1882 e 1884, dois frigoríficos de Chicago, Armour e Swift, construíram novas concessionárias bastante agressivas próximo a locais estratégicos nas imediações da ferrovia, estabelecendo as bases para uma rede nacional de distribuição. As providências os ajudaram a ascender a posições dominantes no setor, as quais mantiveram por muitos anos.[3]

O acesso à rede telegráfica também proporcionou aos comerciantes e às indústrias do século XIX grandes vantagens. As empresas envolvidas no comércio nacional e internacional, por exemplo, puderam usar o telégrafo para obter atualizações diárias ou até mesmo de hora em hora sobre as variações de preços e da demanda, ao passo que as empresas sem estações de telégrafo nas proximidades geralmente precisavam esperar semanas ou até meses por informações semelhantes. Os fornecedores das mercadorias industriais com acesso ao telégrafo também se beneficiaram: eram capazes de reduzir drasticamente os seus níveis de estoque na medida em que os pedidos tornaram-se muito mais eficientes e confiáveis.

Em *The Victorian internet* [A internet vitoriana], que relata a história do telégrafo, Tom Standage cita um artigo de 1847 do jornal *St. Louis Republican*, que explicava as consequências radicais da nova tecnologia sobre a competitividade: "O comércio, onde existiam [linhas telegráficas], é realizado por meio delas, e seria impossível, na situação da época, que os comerciantes e homens de negócios de St. Louis pudessem competir com os das outras cidades caso não dispusessem desse recurso. O vapor é um dos meios do comércio; o telégrafo atualmente é outro, e não adianta tentar realizar transações satisfatórias por meio das barcaças de fundo chato e quilha contra o navio a vapor, assim como fazer negócios com o uso do correio contra o telégrafo".[4]

A energia elétrica, outra tecnologia de infraestrutura que surgiu no século XIX, também proporcionou substanciais vantagens de acesso. Entre a construção das primeiras usinas elétricas, por volta de 1880, e a instalação da rede nacional de linhas de transmissão no século XX, a eletricidade era um recurso escasso, e as indústrias e outras empresas capazes de aproveitá-la — montando os seus próprios geradores ou localizando as suas fábricas próximas a estações geradoras — normalmente obtinham uma vantagem operacional importante. Elas poderiam iluminar melhor os seus locais de trabalho e alimentar as suas máquinas por mais tempo e de maneira mais confiável do que as empresas concorrentes que precisavam continuar a depender de fontes de energia e de luz mais primitivas. Dificilmente parece coincidência que o maior fabricante americano de porcas e parafusos na virada do século, a Plumb, Burdict, and Barnard, tivesse sua fábrica localizada próximo das cataratas do Niágara, no estado de Nova York, onde estava instalada uma das primeiras usinas hidrelétricas de grande capacidade do país.[5]

Costuma haver obstáculos tanto econômicos quanto materiais no acesso às novas tecnologias de infraestrutura. Os custos do transporte ferroviário, do serviço telegráfico e da eletricidade eram todos altos durante as primeiras etapas do seu desenvolvimento, deixando efetivamente de fora muitas empresas pequenas que careciam de grandes reservas de capital. Os obstáculos dos custos gealmente são aumentados por outras exigências de investimentos correlatos. Para aproveitar integralmente a energia elétrica, por exemplo, as fábricas existentes precisavam ser retroalimentadas por fios e motores elétricos. Mesmo que conseguissem ligações com os geradores locais, muitas empresas simplesmente não tinham condições financeiras para arcar com os custos das reformas necessárias nas fábricas.[6]

Vantagens da antecipação

Além de obter vantagens por meio de melhor acesso a uma nova tecnologia de infraestrutura, as empresas também podem ganhar pontos sobre suas rivais por ter uma capacidade de antecipação superior quanto ao melhor uso da tecnologia. Quando uma tecnologia está em sua "infância", as informações sobre a sua aplicação tendem a ser esquemáticas e difusas. Os "melhores procedimentos" ainda precisam ser documentados ou disseminados. As empresas, nesse caso, não têm escolha a não ser fazer experiências, aprendendo na prática, e as que se adiantam em relação às aplicações mais eficazes colhem recompensas importantes, pelo menos durante o período em que forem capazes de manter seus procedimentos em segredo.

Uma vez mais, a introdução da energia elétrica fornece um bom exemplo. Até o fim da última década do século XIX, a maioria das fábricas dependia da energia hidráulica ou da energia gerada pelo vapor para fazer suas máquinas funcionarem. Esse tipo de energia provinha de uma fonte única, fixa — a roda hidráulica ao lado de um moinho, por exemplo, ou um motor a vapor próximo à fábrica —, e requeriam um sistema sofisticado de polias, engrenagens, eixos e correias de couro para distribuir a força motriz às diversas estações de trabalho em toda a fábrica. Quando os geradores elétricos começaram a ser disponibilizados, muitos industriais simplesmente os adotaram em substituição à fonte única, usando a eletricidade para alimentar o sistema motor existente. Em meados dos anos 1890, por exemplo, o moinho têxtil Ponemah, em Connecticut, nos Estados Unidos, parou de usar o vapor e a água como fontes de energia e estendeu cabos elétricos a uma nova usina hidrelétrica, junto a um açude de um rio próximo. No entanto, a empresa não fez mudanças em sua maquinaria nem em seus métodos operacionais.[7]

O que a Ponemah e outras empresas semelhantes deixaram de considerar foi o fato de que a energia elétrica é fácil de ser distribuída — pode ser levada diretamente às estações de trabalho. Cada máquina pode ter a sua própria fonte de energia por meio do que é chamado de sistema de acionamento unitário, ou de acionamento individual. Os sistemas de acionamento unitário proporcionavam ao menos três benefícios importantes em relação aos sistemas de ponto único. Eles reduziam o consumo de energia evitando a necessidade de um eixo principal pesado e em constante movimento, aliviando, assim, o desperdício causado pela fricção em um sistema de correias. Ocupavam muito menos espaço, permitindo distribuições muito mais flexíveis e eficientes dentro das fábricas e dos fluxos de trabalho. Aumentavam a pontualidade e a produtividade das fábricas; se uma máquina quebrasse, não era preciso desligar todo o sistema para consertá-la, como antes seria obrigado a fazer no sistema de ponto único.[8]

As indústrias mais inteligentes, como a Columbia Cotton Mills, na Carolina do Sul, e a Keating Wheel Company, de Connecticut, não perderam tempo em valorizar esses benefícios. Distribuindo a energia pelas fábricas e instalando motores elétricos em suas máquinas, elas puderam dispensar seus sitemas de eixos e correias desajeitados, inflexíveis e caros, e assim obtiveram importantes vantagens sobre os seus concorrentes menos perspicazes. Em uma palestra em 1901, o professor F. B. Crocker, da Universidade de Colúmbia, um dos primeiros especialistas em produção industrial por motores elétricos, comentou sobre os ganhos obtidos pelos primeiros a adotar o sistema: "Descobriu-se que o resultado dos estabelecimentos fabris aumenta concretamente na maioria dos casos com o uso da energia elétrica. Muitas vezes descobriu-se que esse ganho realmente chega a 20, 30%, ou até mais com o mesmo espaço de produção, maquinaria e número de trabalhadores [...]. Em muitos casos, a produção aumenta ao mesmo tempo que se reduz a quantidade de trabalho exigido".[9]

Por volta da virada do século, a construção de centrais de produção de energia nas cidades levou os benefícios operacionais da energia elétrica para as pequenas indústrias urbanas, como fabricantes de roupas e gráficas. Muitas dessas empresas não podiam arcar com os custos de construir os seus próprios geradores locais ou estender linhas de transmissão até as usinas hidrelétricas, mas podiam custear a compra de energia em pequenas quantidades de uma unidade geradora. Uma vez mais, os que tiveram a visão de adotar a energia elétrica e de reestruturar a sua maquinaria e os seus métodos operacionais obtiveram uma importante margem competitiva, a qual muitas vezes durou por muitos anos. Conforme observa Amy Friendlander em seu livro *Power and Light* [Energia e Luz], "demorou algum tempo até que as vantagens da reestruturação fossem valorizadas amplamanente".[10]

Além de permitir a adoção de novos e mais eficientes métodos operacionais, as tecnologias de infraestrutura geralmente introduzem mudanças mais amplas nos mercados, como entendeu o repórter da *Mechanics Magazine*. As características precisas do usuário final são sempre pouco claras enquanto a tecnologia é desenvolvida, e isso oferece outra oportunidade para obter vantagem por meio de melhor capacidade de antecipação. As empresas mais capazes de prever como a tecnologia mudaria as empresas podem estabelecer uma vantagem sobre seus concorrentes menos previdentes. Em meados dos anos 1800, quando as linhas ferroviárias começaram a ser assentadas em série, já era possível transportar mercadorias a longas distâncias — centenas de navios a vapor sulcavam os rios do mundo e milhares de carroças puxadas por cavalos atravessavam os caminhos de terra ou as pontes de madeira. Muitos homens de negócios sem dúvida presumiram que o transporte ferroviário essencialmente se tornaria o modelo de transporte em vigor, com diversas pequenas melhorias.

Na verdade, a maior velocidade, capacidade e cobertura das ferrovias fundamentalmente mudaram as empresas. De repente tornou-se economicamente viável transportar produtos acabados, em vez de apenas matérias-primas e componentes industriais, a longas distâncias, e assim nasceu o mercado de consumo de massa. As empresas que foram rápidas em perceber as maiores oportunidades aproveitaram-se de enormes, até esmagadoras, vantagens. A distribuição no varejo, por exemplo, era quase inteiramente um negócio local até 1850. Os pequenos negociantes espalhados pelas capitais e cidades menores não podiam adquirir as mercadorias que vendiam. Em vez disso, eles trabalhavam por comissão, dependendo dos fabricantes para arcar com todas as taxas de transporte e os custos de manutenção de estoques. Com a redução radical do tempo e dos riscos dos transportes de longa distância, as ferrovias mudaram a economia do varejo. Tornou-se exequível para uma empresa oferecer uma série muito maior de mercadorias a um conjunto mais diversificado de consumidores. Os negociantes que foram os primeiros a entender essa reviravolta e mudaram os seus procedimentos empresariais para tirar vantagem dela — adquirindo os produtos que vendiam, por exemplo, e ganhando dinheiro sobre as margens de lucro em vez de comissões — obtiveram enormes vantagens sobre os fornecedores tradicionais de pequena escala. Foi nessa época que surgiram varejistas dominantes como a Macy's, a Woolworth, e a Sears, Roebuck.[11]

Uma transformação semelhante, se não mais radical, aconteceu nas indústrias manufatureiras. Como no varejo, a maior parte da produção de mercadorias até meados dos anos 1800 era realizada em fábricas independentes e de pequena escala. Só quando as ferrovias e as companhias de navegação possibilitaram atender com eficiência os mercados nacionais e até mesmo os internacionais, e o telégrafo permitiu a coordenação de operações a distância, foi que começou a produção industrial em larga escala. Uma vez mais, as primeiras empresas que perceberam o início da mudança e construíram fábricas, ou redes de fábricas, de produção em massa obtiveram uma vantagem imensa. Nas décadas de 1870 e 1880, manufaturas pioneiras de alto volume, como a James B. Duke (posteriormente rebatizada como American Tobacco) no ramo de cigarros, a Diamond no ramo de fósforos, a Procter & Gamble em sabonetes, a Kodak em materiais fotográficos, a Pillsbury em farinhas e a Heinz nos enlatados, obtiveram posições dominantes nos seus setores, posições que conseguiram manter ao longo de décadas.[12]

Para um exemplo especial, pense no ofício doméstico de fabricação de doces. Ao longo da maior parte do século XIX, a fabricação de chocolates e outros doces permaneceu como um empreendimento local. As famílias administravam fábricas pequenas, comercializando apenas as mercadorias suficientes para atender às demandas de seus vizinhos. Mas no final da década de 1880, um confeiteiro chamado Milton Hershey percebe algo que os outros fabricantes de doces não viam: a nova infraestrutura de transportes e comunicações estava abrindo um mercado imenso para as mercadorias produzidas em massa, incluindo os doces. Em pouco tempo, Hershey convertia a sua pequena empresa familiar, a Lancaster Caramel Company, no maior fabricante nacional de caramelos. Ele então vendeu essa empresa e usou os rendimentos para lançar outro empreendimento, muito mais ambicioso: a Hershey Chocolate Company.

Hershey projetou a empresa com seu nome pensando seriamente no mercado de massa, confiando na rede ferroviária, em processo de amadurecimento, e no sistema telegráfico para ligar as suas operações cada vez mais disseminadas. Em Cuba, Hershey chegou a construir a sua própria ferrovia, assentando trilhos para ligar suas duas fábricas cubanas com a imensa usina de açúcar de sua propriedade na ilha. Para promover seus produtos, ele anunciava amplamente nos inúmeros jornais de distribuição nacional e regional e em revistas que tinham florescido depois que a nova infraestrutura de transportes oferecera meios eficientes de ampliar a distribuição. À medida que o império de Hershey se expandia, as receitas e os lucros que ele obteve foram imensamente maiores do que os dos fabricantes de doces tradicionais em pequena escala. Com seus métodos de produção em larga escala e sua rede de distribuição de uma costa dos estados Unidos à outra, ele consegiu converter o chocolate de um produto exótico e luxuoso em uma oferta barata para as massas.[13]

Desenvolvendo a infraestrutura

O sucesso de empresas como a Hershey, Macy's e Armour não passou despercebido, é claro. As suas receitas e os seus lucros descomunais chamaram cada vez mais a atenção para o poder transformador das tecnologias de infraestrutura. Outros proprietários e administradores de empresas, vendo os grandes ganhos — em eficiência operacional, satisfação do cliente, alcance do mercado e, mais importante, lucratividade — obtidos pelos seus congêneres mais espertos, logo seguiram os seus rastros, pensando em participar do sucesso (ou pelo menos impedir a própria obsolescência).

O alcance mais extenso de uma nova tecnologia de infraestrutura e seus modos de aplicação mais eficientes são tanto naturais quanto necessários. A imitação agressiva é a maneira pela qual os efeitos benéficos das tecnologias se difundem por toda a economia. A armadilha em que geralmente caem os executivos, porém, é considerar que as oportunidades para obter vantagem sobre uma tecnologia de infraestrutura continuam disponíveis indefinidamente. Na realidade, a janela para obter uma vantagem é aberta apenas por um breve período. Quando o potencial comercial da tecnologia começa a ser amplamente valorizado, enormes quantias de dinheiro inevitavelmente são investidas nesse potencial, e sua ampliação prossegue com extrema velocidade. Os trilhos ferroviários, os fios telegráficos, as linhas de distribuição de energia — todos foram implementados ou se ampliaram em uma atividade frenética.

Na verdade, uma das grandes vertentes históricas do século XIX e do início do século XX é a maciça e explosiva ampliação das grandes teias tecnológicas de infraestrutura da Segunda Revolução Industrial. Nos trinta anos entre 1846 e 1876, a extensão das linhas ferroviárias aumentou de 17.424 quilômetros para 309.873 quilômetros, ao passo que a tonelagem dos navios a vapor aumentou de 139.973 para 3.293.072 toneladas.[14] O sistema telegráfico teve uma ampliação mais rápida. Na Europa continental, havia apenas pouco mais de 3.000 quilômetros de linhas telegráficas em 1849; vinte anos depois, havia quase 180.000 quilômetros.[15] Nos Estados Unidos, havia apenas uma linha telegráfica de pouco mais de 60 quilômetros em 1846. Em 1850, haviam sido estendidas para 20.000 quilômetros de linhas. Dois anos depois, a rede praticamente dobrara de extensão, para cerca de 40.000 quilômetros.[16] O padrão se manteve com a energia elétrica e o telefone. O número de estações de distribuição operadas pelo serviço público aumentou de 468, em 1889, para 4.364 em 1917, e a capacidade média de cada uma delas multiplicou-se por dez, de 256 para 2.763 cavalos-vapor [aproximadamente, de 188 para 2.032 quilowatts].[17] O número de telefones no sistema Bell multiplicou-se de 11.000, em 1878, para 800.000, em 1900, e depois para 15 milhões em 1930.[18]

No fim da rápida fase de expansão, as oportunidades para as empresas usarem uma tecnologia de infraestrutura em favor da vantagem individual diminuíram grandemente. À medida que os obstáculos materiais ao uso da tecnologia são removidos, esta torna-se amplamente disponível. Ao mesmo tempo, ela se torna amplamente acessível e a pressa de investir leva a mais competição, maior capacidade, avanços tecnológicos adicionais e declínios rápidos de preços. O preço para enviar um telegrama de dez palavras, por exemplo, caiu de 1,55 dólar, em 1850, para 1,00 dólar, em 1870, e para 40 centavos de dólar, em 1890.[19] As taxas de eletricidade caíram ainda mais rápido, já que o custo médio de um quilowatt-hora foi de 10 centavos de dólar, em 1897, para 2,5 centavos de dólar, em 1909.[20] E por causa da força que a expansão exerce sobre os usuários para que adotem padrões técnicos universais — ou arrisquem-se a perder o acesso a toda a infraestrutura —, a capacidade de uma empresa em manter o controle proprietário sobre a tecnologia se esvai. Muitos dos primeiros a mudarem para a manufatura eletrificada, por exemplo, tiveram de abandonar seus geradores locais e mais uma vez remodelar sua fábrica para aproveitar a malha elétrica mais barata e mais confiável. Os que produziam antes para uso próprio passaram a comprar como uma instalação genérica.

À medida que a tecnologia amadurece, sobretudo a maneira como ela é usada, começa a se tornar padronizada também — os melhores procedimentos passam a ser amplamente conhecidos e imitados. São publicados periódicos dedicados à tecnologia e que oferecem informações técnicas aprofundadas sobre seu uso. Constituem-se associações profissionais, permitindo que os engenheiros e técnicos de muitas empresas compartilhem suas experiências e conhecimentos sobre os procedimentos. Consultores e empresas terceirizadas levam ideias de cliente para cliente. E as empresas que vendem tecnologia ou componentes correlatos — ferrovias, empresas distribuidoras de energia elétrica e fabricantes de motores elétricos, por exemplo — lançam campanhas publicitárias e promocionais para instruir os futuros clientes. Às vezes, os melhores procedimentos acabam sendo imbutidos na própria infraestrutura. Depois da eletrificação, por exemplo, todas as novas fábricas foram construídas com muitas conexões de saída de energia elétrica; um fabricante não tinha escolha a não ser usar um sistema de acionamento unitário eficiente.

Quando o conhecimento sobre uma tecnologia se difunde, e seus efeitos sobre a estrutura de um setor da indústria ou sobre a economia tornam-se visíveis, as vantagens dessa percepção antecipada diminuem juntamente com as vantagens de acesso. Tanto a tecnologia quanto os seus modos de uso tornam-se padronizados. Embora continuem a serem criadas inovações úteis, elas tendem a ser rapidamente incorporadas na infraestrutura geral e, portanto, a ser compartilhadas por todos os usuários. A única vantagem significativa que a maioria das empresas pode esperar obter de uma tecnologia de infraestrutura depois da sua expansão é uma vantagem nos custos — e até mesmo essa vantagem tende a ser muito difícil de se manter na medida em que as empresas rivais, ou os fornecedores da tecnologia, apressam-se a imitar todas e quaisquer inovações.

No fim, as tecnologias de infraestrutura começam a desaparecer no contexto empresarial. Elas sempre continuam a desempenhar um papel essencial nas operações e a responder por gastos corporativos consideráveis por longo período, porém, lentamente deixaram de ser uma preocupação dos diretores responsáveis pelas grandes decisões da empresa. Elas saem da agenda administrativa. Basta pensar na mudança rápida na maneira como as empresas consideravam a eletricidade há uma centena de anos. No início do século XX, muitas grandes empresas criaram um novo cargo administrativo de "diretor de eletricidade", um reconhecimento do papel transformador da eletrificação nas empresas e nos setores industriais.[21] Mas dentro de alguns anos, quando a importância estratégica da eletricidade diminuiu, os diretores de eletricidade desapareceram discretamente da hierarquia corporativa. O seu trabalho estava terminado.

Isso não quer dizer que as tecnologias de infraestrutura não continuem a influenciar a competição. Elas influenciam, mas essa influência tende a ser percebida em um nível econômico superior, e não ao nível da empresa isolada. Se determinado país, por exemplo, se atrasa na instalação da tecnologia — seja ela uma rede ferroviária, uma malha de distribuição de energia ou uma infraestrutura de comunicação —, as indústrias locais podem ser profundamente prejudicadas. De maneira semelhante, se um setor da indústria se atrasa em controlar os avanços proporcionados pela tecnologia, poderá se tornar ultrapassado. E as novas tecnologias sempre têm efeitos macroeconômicos duradouros que influenciam a lucratividade das empresas.

Como sempre, o destino de uma empresa está ligado a forças mais amplas que afetam sua região, seu setor e a economia como um todo. Nenhuma empresa é uma ilha. A questão, porém, é que o potencial de uma tecnologia de infraestrutura para diferenciar uma empresa do conjunto — seu potencial estratégico — inexoravelmente declina à medida que ela se torna disponível e acessível a todos. As tecnologias de infraestrutura oferecem às empresas atentas oportunidades para se distanciar das concorrentes, mas o fazem apenas por pouco tempo.

Notas

1. "Competition of locomotive carriages on the Liverpool and Manchester Railway". *Mechanics Magazine,* 17 out. 1829, conforme transcrito no Resco Railways website: <http://www.resco.co.uk/rainhill/rain2.html>. Acesso em: 8 fev. 2003. O impacto das ferrovias seria ainda maior nos Estados Unidos, conforme observou Alfred Chandler, em razão da extensão geográfica maior do país e de uma base industrial menos desenvolvida. Veja Alfred D. Chandler Jr. *Scale and scope: the dynamics of industrial capitalism.* Cambridge: Harvard University Press, 1990, p. 252.

2. Veja, por exemplo, Edward Chancellor. *Devil take the hindmost: a history of financial speculation.* Nova York: Farrar, Straus and Giroux, 1999, p. 150-151.

3. Chandler. *Scale and scope,* p. 65.

4. Tom Standage. *The Victorian internet.* Nova York: Walker & Company, 1998, p. 167-168.

5. Sam H. Schurr et al. *Electricity in the American economy: agent of technological progress.* Westport, CT: Greenwood Press, 1990, p. 27.

6. Veja David E. Nye. *Electrifying America: social meanings of a new technology.* Cambridge: MIT Press, 1990, p. 185-237.

7. Schurr et al. *Electricity in the American Economy,* p. 21-26.

8. Veja Amy Friedlander. *Power and light: electricity in the US: energy infrastructure, 1870-1940.* Reston, VA: CNRI, 1996, p. 62-63.

9. Conforme citado em Schurr et al. *Electricity in the American economy,* 32. Veja também: Richard B. DuBoff. *Electric power in american manufacturing, 1889-1958.* Nova York: Arno Press, 1979, p. 139-148.

10. Friedlander. *Power and light*, p. 62.

11. Chandler. *Scale and scope*, p. 58-59.

12. Veja Alfred D. Chandler Jr. *The visible hand*. Cambridge: Harvard University Press, 1977, p. 249-253.

13. Para saber mais sobre Hershey, veja Joel Glenn Brenner. *The emperors of chocolate: inside the secret world of Hershey and Mars*. Nova York: Random House, 1999.

14. Eric Hobsbawm. *The age of capital: 1848-1875*. Nova York: Vintage, 1996, p. 310.

15. Ibid., p. 59.

16. Standage. *The Victorian internet*, p. 58.

17. DuBoff. *Electric power in American manufacturing, 1889-1958,* p. 43.

18. John Brooks. *Telephone: the first hundred years*. Nova York: Harper & Row, 1976, p. 69, 108, 187.

19. Tomas Nonnenmacher. "History of the U.S. telegraph industry". *EH.Net Encyclopedia of Economic and Business History,* 15 ago. 2001. Disponível em: <http://www.eh.net/encyclopedia/nonnenmacher.industry.telegraphic.us.php>. Acesso em: 20 jun. 2003.

20. Nye. *Electrifying America,* p. 261.

21. Veja, por exemplo, Bryan Glick. "IT suppliers racing to be an indispensable utility". *Computing,* 16 abr. 2003. Disponível em: <http://www.computing-net.co.uk/Computingopinion/1140261>. Acesso em: 18 jun. 2003.

CAPÍTULO 3

Uma mercadoria* quase perfeita

O destino dos equipamentos e dos programas de computação

A TI é uma tecnologia de infraestrutura? Seu potencial para proporcionar vantagem competitiva está se esvaindo à medida que ela se torna mais eficaz, mais acessível e mais padronizada? E suas implicações para o funcionamento das empresas e a estrutura da indústria tornam-se mais evidentes e mais bem compreendidas? Ela está, em resumo, destinada a se tornar um insumo, como o transporte ferroviário, o serviço de telefonia e a eletricidade?[1]

Essas perguntas são de importância decisiva para os gerentes de negócios, mas não são fáceis de responder. A TI poderia parecer diferente das tecnologias de infraestrutura anteriores em um sentido fundamental: ela assume tanto uma forma física, como os equipamentos (hardware), quanto uma forma abstrata, como os programas de computação (software). Embora seja verdade que as tecnologias de infraestrutura anteriores requeriam algum tipo de "programa" para funcionar — os trens, por

---

* O significado de mercadoria no texto é o mesmo de commodity, que designa um tipo particular de mercadoria em estado bruto ou produto primário de importância comercial, como é o caso do café, do chá, da lã, do algodão, da juta, do estanho, do cobre etc. Fonte: *Dicionário de Economia do século XXI*, de Paulo Sandroni. Rio de Janeiro: Record, 2005 (N.R.T.).

exemplo, precisam ter um horário, faturas de frete, uma estrutura de preços e manuais de procedimentos —, nenhuma delas poderia ser programada da maneira como o computador moderno permite. Depois de construída, a maioria dos sistemas de infraestrutura anteriores tornava-se inflexível, oferecendo uma única ou poucas funções. Os sistemas de informações, ao contrário, podem ser instruídos, por meio dos códigos de programas, para atender a uma série de usos em contínua expansão. Toda avaliação sobre se a TI está se tornando um insumo deve, portanto, considerar os elementos hardware e software

Na sua manifestação física, a TI certamente compartilha muitas semelhanças com as antigas redes telegráficas e de telefonia e até mesmo com as malhas ferroviárias e rodoviárias. Na chamada avenida da informação, os depósitos de dados e centros de processamento amplamente distribuídos — PCs, servidores, *mainframes* (ou computadores de grande porte), sistemas de armazenagem entre outros equipamentos — estão conectados por uma extensa e intrincada rede de cabos e conectores. Nesse nível, a TI pode ser considerada como um sistema de transporte, que carrega dados digitais, assim como as ferrovias transportam mercadorias e a malha de distribuição elétrica conduz a energia.

Uma vez que precisam ser compartilhados, todos os sistemas de transporte usados amplamente estão sujeitos a uma rápida padronização, o que, por definição, apaga as distinções entre os equipamentos. As linhas ferroviárias e os vagões tornam-se cada vez mais indistintos à medida que são adotados padrões para as bitolas, para o formato dos trilhos e das rodas e para os mecanismos de engate; com o tempo, os expedidores tornam-se indiferentes quanto a qual companhia ferroviária pertenciam as linhas pelas quais suas mercadorias eram transportadas ou a que vagões, em especial, elas foram carregadas. De maneira semelhante, depois que os fornecedores e os usuários da eletricidade adotaram padrões comuns para corrente, voltagem e linhas de transmissão, as diferenças entre geradores e cabos tornaram-se invisíveis. Qual empresa atualmente conhece a fonte de cada quilowatt que consome? O transporte eficiente requer um equipamento facilmente intercambiável.

A história da TI também é de rápida padronização, à medida que os usuários buscam uma interconectividade cada vez mais intensa e uma interoperacionalidade cada vez mais eficiente. Desde os primeiros sistemas de computação compartilhados por um tempo determinado, os quais permitiam que muitos usuários dispersos se ligassem a uma fonte de processamento de um computador central, passando pelas redes locais ou de uma região maior, que permitiam às empresas conectar seus computadores em um sistema único, passando depois pelos sistemas de intercâmbio de dados eletrônicos (IDE), que permitiam que computadores de diferentes empresas se comunicassem entre si, e até a internet (a grande rede de redes) os equipamentos de computação tornaram-se sucessivamente mais homogeneizados para facilitar maiores graus de compartilhamento.

Os equipamentos de computação como mercadoria

Atualmente, é possível perceber que a transformação dos modernos equipamentos de computação começou na periferia do que os tecnólogos chamam de "infraestrutura de empresa", com os computadores pessoais e os aparelhos correlatos usados por funcionários de escritório e outros não técnicos. Desse ponto em diante, essa transformação se aprofundou sucessivamente até o núcleo central da infraestrutura de empresa. Essa dinâmica da mercadorização é refletida e nitidamente na expansão constante daquela que pode ser considerada a mais bem-sucedida empresa de equipamentos de computação, a Dell Computer.

A Dell é, e sempre foi, um fornecedor de mercadorias. Na realidade, o gênio essencial do seu fundador e CEO, Michael Dell, é sua fé desapaixonada e inabalável na mercadorização da TI. "A longo prazo", afirma ele, "toda tecnologia tende a ter padrões de baixo custo."[2] O primeiro alvo da Dell era o computador pessoal. Comprado e recomprado em grandes quantidades pelas corporações, os PCs rapidamente se tornaram altamente padronizados por algumas poucas razões. Primeiro, eles precisavam ser fáceis de ser operados por usuários leigos — nenhuma empresa poderia arcar com os custos de treinar todos os novos funcionários no uso de um PC configurado de modo específico. Segundo, eles precisavam comunicar-se entre si, trocando arquivos e mensagens dentro de redes locais e entre elas. Terceiro, e intimamente relacionado às duas condições anteriores, eles precisavam cada vez mais usar um sistema operacional compartilhado (Microsoft Windows), um microprocessador compartilhado (Intel ou compatível com Intel) e um conjunto de aplicativos básicos compartilhados (o pacote Office da Microsoft, mais obviamente). E, em quarto lugar, eles precisavam ser baratos, de modo que todo mundo pudesse ter o seu.

Michael Dell foi um dos primeiros a perceber que os PCs comerciais estavam fadados a tornarem-se "caixas" indistintas, e montou sua empresa para produzi-los e distribuí-los rapidamente, com preço baixo, usando componentes genéricos, mantendo os investimentos em P&D e capital de giro em um nível mínimo, e vendendo diretamente aos usuários. As máquinas Dell, de baixo custo e funcionais, revelaram-se tentadoras para os funcionários compradores das empresas — na década de 1990, a Dell se tornou o maior fornecedor de PCs —, e todos os outros fornecedores importantes de PCs comerciais foram forçados a competir nos termos da Dell, como produtores de mercadorias. Em 2001, Michael Capellas, o CEO da até então líder do setor, a Compaq Computer, resumiu a situação: "A Dell fez disso um jogo de custos".[3] Pouco tempo depois, a Compaq desapareceria, fundindo-se com a Hewlett-Packard.

No início da década de 1990, o restante da infraestrutura de equipamentos para empresa — servidores, sistemas de armazenagem e os equipamentos de rede, em especial — resistiu à padronização. Uma vez que esses equipamentos situavam-se nos bastidores, operados por especialistas em TI, e atendendo a funções mais especializadas, houve muito menos necessidade de convergi-los para padrões uniformes. Os fabricantes foram capazes de continuar usando chips e programas operacionais proprietários, prendendo consigo seus clientes e afastando a concorrência. Mas à medida que a década de 1990 prosseguia, e as empresas se viram gastando somas cada vez maiores com esses equipamentos, a demanda por "soluções de baixo custo" — de preço, atualização e manutenção mais baratos — começou a crescer, criando uma pressão cada vez maior na direção da padronização. E a crescente velocidade e sofisticação dos microchips possibilitaram essa padronização: os criadores de chips baratos como mercadoria foram rapidamente eliminando as vantagens das tecnologias próprias de gigantes dos equipamentos como a IBM, a Sun e a Hewlett-Packard. A rápida disseminação da internet no fim da década intensificou ainda mais a tendência para equipamentos padronizados, modulares e fáceis de conectar à rede.

Os primeiros a tomarem o caminho dos genéricos foram os servidores e as estações de trabalho, os computadores situados um degrau acima dos PCs na hierarquia dos equipamentos. No início da década de 1990, essas máquinas eram potentes e especializadas, produzidas por poucos fornecedores, em que cada um oferecia sua própria tecnologia distinta. A Sun, por exemplo, embutia em seus servidores seu processador Sparc e seu programa baseado no Unix, o Solaris. No entanto, à medida que a potência de processamento continuava a se avolumar, essas máquinas até então poderosas tornaram-se cada vez menos distintas dos seus primos inferiores, os PCs. Em pouco tempo, os servidores básicos operavam com chips Intel, usando uma versão do sistema operacional do Windows. Não é de surpreender que a Dell avançava, tornando-se rapidamente o maior fornecedor de servidores baseados no Windows. A economia das caixas de mercadorias era, de novo, simplesmente atraente demais para que os compradores de servidores resistissem. Quando a gigante do petróleo Amerada Hess, por exemplo, substituiu seus computadores IBM por um grupo de estações Dell, seu *leasing* e seus custos operacioanais anuais caíram de 1,5 milhão de dólares para 300.000 dólares.[4]

Atualmente, com a velocidade dos processadores avançando continuamente, e o sistema operacional de livre acesso Linux fazendo incursões profundas no segmento dos servidores, a mudança para os equipamentos genéricos se acelera. O Google, o operador do maior mecanismo de busca da internet, oferece uma indicação clara do que está para vir. Embora requeira um poder de computação impressionante para catalogar e buscar bilhões de páginas da web, a empresa montou seus equipamentos usando componentes disponíveis, microprocessadores ultrapassados e programas de acesso livre.[5] Em 2002, o CEO do Google, Eric Schmidt, enviou ondas de choque através do setor da TI quando anunciou que a empresa não tinha intenção de se apressar em comprar o novo e mais avançado microprocessador Itanium, desenvolvido pela Intel e a Hewlett--Packard. Na "visão do futuro" de Schmidt, conforme informou o *Nova York Times*, "os processadores pequenos e baratos atuarão como unidades elementares de montagem no estilo Lego para uma nova classe de imensas centrais de dados, o que cada vez mais deixará de lado os computadores de grande porte e servidores no velho estilo das décadas de 1980 e 1990".[6]

A Amazon.com, a maior varejista on-line, segue o estilo Google. Em apenas um ano, de 2000 a 2001, ela cortou suas despesas com TI em quase 25%, em grande parte mudando de servidores com chips e sistemas operacionais proprietários para máquinas mais baratas, com base no processador Intel, rodando o sistema Linux.[7] A gigante industrial General Electric tomou um caminho semelhante. Mudando muitos dos seus aplicativos corporativos para equipamentos genéricos, foi capaz de reduzir seus investimentos em novos sistemas em até 40%, de acordo com o CIO Gary Reiner.[8]

A mesma tendência se revela, ainda que mais lentamente, na armazenagem e nas redes, dois outros mercados que a Dell está cogitando como alvos. Os fornecedores de grande armazenagem, como a EMC, até recentemente foram capazes de manter seus equipamentos e suas configurações de programas de computação como proprietários. Na verdade, limitada pela falta de padrões gerais, em 2001, a Dell conseguiu fechar um acordo de cinco anos para distribuir, e em alguns casos fabricar, o equipamento da EMC. No entanto, a exemplo de outros servidores, a homogeneização dos equipamentos está chegando à armazenagem. Hoje em dia, usuários e fornecedores estão forjando padrões técnicos que capacitarão as empresas a comprar equipamentos de armazenagem de diferentes fornecedores e conseguir peças como um sistema único. No final de 2003, as líderes do setor, EMC e IBM, chegaram a um acordo para compartilhar detalhes de seus programas de computação de armazenagem para assegurar maior integração na operação dos seus equipamentos. E os concorrentes de baixo custo, como a Hitachi, a gigante japonesa em eletrônica, estão ganhando participação no mercado ao oferecer pacotes genéricos equipados com programas de computação de fonte livre.[9] À medida que a competição se intensifica e os preços caem, cada vez mais empresas passam a considerar os equipamentos de armazenagem como mercadoria.

As redes vêm em seguida. A Dell já introduziu uma linha de comutadores simples, vendendo-os por cerca de um quinto do preço competitivo oferecido pela Cisco, a líder do setor. Comutadores e roteadores mais caros e de mais alta qualidade continuam sendo proprietários, equipados com chips e programas de computação sofisticados e fortemente protegidos. Mas nesse caso também a sorte está selada. De acordo com um artigo de 2003 publicado na revista *Business 2.0*, "Como acontece na área da armazenagem, as empresas líderes do setor podem estar na iminência de perder seu controle de proprietário sobre os equipamentos de rede. A Intel e a Broadcom estão embutindo instruções nos chips de rede que tornam o equivalente de anos de P&D disponível para qualquer fabricante de equipamentos interessado".[10] À medida que o poder da TI avança, as máquinas mágicas de ontem tornam-se os pacotes baratos de hoje.

Não existe garantia, é claro, de que a Dell domine todos esses mercados de equipamentos. A empresa enfrenta uma competição intensa, não só de fabricantes de equipamentos espacializados, como a EMC, a Hitachi e a Cisco, mas também de gigantes, como a IBM, a Microsoft e a Hewlett-Packard. As principais empresas de TI não cessarão de lutar para impedir que qualquer empresa acabe tendo nas mãos um controle excessivo sobre a infraestrutura. Mas a própria competição em si promete acelerar ainda mais o processo de mercadorização. Independentemente de a Dell vencer ou não, o combate será cada vez mais travado nos seus termos.

Uma das melhores maneiras de entender como a dinâmica competitiva leva à mercadorização dos equipamentos é por meio da ideia de *overshooting*, ou "hipereficiência". Minuciosamente documentada por Clayton Christensen em seu livro *The innovator's dilemma* [O dilema do inovador], a hipereficiência é o processo pelo qual o desempenho de um produto tecnológico excede as exigências da maioria dos seus usuários, abrindo a porta para alternativas mais baratas. Conforme explica Christensen, "o ritmo do progresso tecnológico em produtos muitas vezes excede a taxa de aprimoramento do desempenho que os clientes convencionais exigem ou são capazes de absorver. Em consequência disso, os produtos cujas características e funcionalidades atendem quase plenamente às necessidades do mercado atual costumam seguir uma trajetória de aprimoramento pela qual sobrepujam as necessidades do mercado convencional futuro. E os produtos que têm um desempenho muito abaixo do esperado hoje, em relação às expectativas do consumidor nos mercados convencionais, podem tornar-se diretamente competitivos em matéria de desempenho no futuro".[11]

A hipereficiência é um fenômeno comum, talvez até universal, no setor dos computadores, em que o desempenho dos produtos aumenta em um ritmo implacável. Pressionados pela necessidade de satisfazer seus clientes mais exigentes e de proteger suas vendas de margem mais elevada, os fornecedores de tecnologia competem ferozmente para adiantar-se com o que há de mais moderno, acrescentando novas características e funções a seus produtos para permanecer na cobiçada dianteira. Mas cada nova geração de uma tecnologia ultrapassa as necessidades de alguns consumidores, e estes geralmente reagem mudando para as versões mais baratas, mais "enxutas" de outros fornecedores.

Finalmente, à medida que a tecnologia continua a avançar, o desempenho das versões mais baratas satisfaz as necessidades da maioria dos consumidores e a base da competição muda de especificações para preços. A hipereficiência explica por que o Google pode abrir mão do último chip da Intel, por que a Amerada Hess, a Amazon e a GE podem operar com servidores menos caros, transformando a competição em um "jogo de custos". Isso explica por que o Windows pode suplantar sistemas operacionais especializados e por que o Linux pode suplantar o Windows. Muitos fabricantes de equipamentos tardam a admitir a realidade da hipereficiência. Eles querem acreditar que as necessidades dos consumidores e a capacidade da tecnologia estejam na mesma cadência para sempre. Mas, embora os computadores possam ser regidos pela Lei de Moore, * os compradores não são. Mais cedo ou mais tarde, a maioria deles torna-se satisfeita com o que tem — simplesmente não precisa de outra dose de poder ou de uma nova soma de características. A máquina consumida como mercadoria ainda é suficiente.

Levada a sua conclusão lógica, a tendência dos equipamentos como mercadoria termina com o desaparecimento, do ponto de vista do usuário, dos componentes individuais da infraestrutura

---

* Lei de Moore: "o poder de processamento dos chips teria um aumento de 100% a cada período de 18 meses". Fonte: Wikipédia (N.R.T.).

física. As empresas simplesmente vão se conectar à infraestrutura por meio de um cabo ou antena e todas as funções necessárias aos seus funcionários exigentes serão fornecidas automaticamente. O uso da TI se tornará tão simples quanto o da eletricidade. E esse, na verdade, é exatamente o objetivo atual de muitas empresas de TI. Na "malha computacional", como é chamada, os computadores em rede não trocam simplesmente apenas arquivos e compartilham aplicativos distintos; eles se fundem, efetivamente, em uma máquina única. Todos os processadores e sistemas de memória são compartilhados, e as exigências de computação e armazenamento dos usuários individuais são distribuídas entre eles da maneira mais eficiente possível. Com a malha computacional, a rede realmente se torna o computador, como o famoso slogan da Sun Microsystems prometia alguns anos atrás, e a computação torna-se um puro serviço de utilidade pública.[12]

Essa visão pode parecer utópica para muitos gerentes comerciais que há anos lutam com equipamentos complicados e incompatíveis, e certamente é verdade que muitos obstáculos técnicos precisarão ser superados para que a malha computacional em larga escala se torne uma realidade. Ainda assim, algumas formas rudimentares já estão em funcionamento. Mais de 2 milhões de pessoas têm cedido seus computadores pessoais ao projeto SETI, um empreendimento quixotesco que analisa sinais de rádio provenientes do espaço sideral na esperança de encontrar indícios de vida inteligente. Terabytes de dados, coletados pelo telescópio de Arecibo, em Porto Rico, são distribuídos aos computadores participantes por meio da internet e processados à medida que os ciclos computacionais cedidos tornam-se disponíveis. Diversos outros empreendimentos comerciais igualmente têm feito experimentos com seus PCs e outros computadores em malhas, a fim de utilizar de maneira mais integral a potência de processamento disponível.

O que é exigido para a malha computacional funcionar em maior escala é uma nova camada de programas de computação para coordenar todas as unidades de equipamentos conectadas em uma interface simples que oculte as complexidades da rede dos usuários, exatamente como a interface gráfica original da Macintosh ocultava o funcionamento complexo do PC. Muitos dos principais fornecedores da TI, incluindo a Microsoft, a IBM e a Hewlett-Packard, estão trabalhando febrilmente para elaborar os programas de computação necessários, na esperança de serem capazes de ajudar na disseminação da malha computacional e, em última análise, lucrar com ela. Caso sejam bem-sucedidos, a perfeição da malha irá assinalar o passo final da fase de mercadorização dos equipamentos de computação, tornando todos os equipamentos indistinguíveis aos usuários. A infraestrutura física da TI estará acabada — e amplamente invisível.

A mercadorização dos programas de computação

Há, então, os programas de computação (*softwares*). Ao contrário dos equipamentos (*hardware*), os programas parecem não ter uma forma tangível, uma identidade fixa ou estável como um "produto". Passíveis de serem moldados em um número teoricamente infinito de maneiras de satisfazer propósitos, de maneira ilimitada, os programas de computação parecem ser tão abstratos e maleáveis como se julgam. Conforme o redator do *Nova York Times* Steve Lohr observa em seu livro *Go To*, "Os programas de computação são a incorporação da inteligência humana".[13] E como seria possível a "inteligência humana" algum dia ser considerada uma mercadoria?

Seja como for, essa é a visão comum sobre os programas de computação promulgada por muitas empresas de TI. Em um nível geral, é uma visão precisa, não existem limites para a inovação nos softwares, mas ela distorce a realidade de como os programas realmente são usados nas empresas. Para os gerentes e trabalhadores, os programas não existem como uma "ideia", ou qualquer outro tipo de abstração. Os programas de computação, em especial os aplicativos, existem como produtos reais comprados com dinheiro real por pessoas reais que querem obter resultados reais. E quando considerados como um produto, em vez de uma abstração, os programas são totalmente suscetíveis às regras da economia, dos mercados e da competição, tanto quanto o mais comum dos produtos físicos. Na verdade, por sua própria intangibilidade, os programas estão imbuídos de determinadas características que, em conjunto, os tornam mais suscetíveis de serem vistos como mercadoria do que muitos produtos tangíveis.

Os programas de computação, em especial, estão sujeitos a economias de escala extremamente fortes. Criar um programa é muito caro; exige uma mão de obra altamente especializada, um planejamento meticuloso, garantia de uma qualidade rigorosa, coordenação extraordinária e testes intermináveis. No entanto, como há poucas limitações físicas em relação à produção de um programa, após esta etapa, sua reprodução e distribuição são extraordinariamente baratas — praticamente gratuitas, em muitos casos. A história do desenvolvimento dos programas de computação pode ser explicada em grande parte como uma tentativa contínua de atingir plenamente as economias de escala latentes, para amortizar os altos custos de desenvolvimento entre o maior número de usuários. Embora se costume dizer que os programas de computação desejem ser gratuitos, seria mais exato dizer que os programas querem ser compartilhados, ou seja, querem ser um insumo.

No início da década de 1950, quando os computadores começaram a ser usados nos negócios, as empresas não tinham escolha a não ser criar seus próprios códigos. Os fabricantes de equipamentos ofereciam poucos programas e o setor de programação ainda não existia. Toda empresa que comprasse um equipamento precisaria desenvolver seus programas até para as funções mais básicas, como converter números binários para o sistema decimal e vice-versa. Considerando a complexidade e o custo de criar sequências de códigos produtivas, o trabalho era excessivo — e, conforme se tornou rapidamente evidente, insustentável. A IBM, impaciente com o fato de que os custos para o desenvolvimento dos programas impedissem a compra de computadores pelas empresas, ajudou a organizar um grupo de usuários formado por proprietários da sua série de equipamentos 700, os computadores comerciais dominantes na época. O grupo, que seria chamado significativamente de SHARE [em inglês a palavra tem a conotação de compartilhamento], tinha uma meta abrangente: habilitar as empresas a cortarem suas despesas com TI pela troca de programas de computação. No primeiro ano de existência do SHARE, cerca de 300 programas foram disponibilizados gratuitamente entre seus integrantes, o que lhes representou uma economia estimada de 1,5 milhão de dólares.[14]

O SHARE oferece um exemplo original do que atualmente pode ser considerado como um princípio definido de programa de computação comercial: as empresas são capazes de sacrificar a propriedade se as economias de custos resultantes forem grandes o bastante. Esse tipo de transigência em face das alternativas não é exclusivo dos programas de computação, pois isso também é comum nos negócios. Quando um recurso amplamente usado é caro e sujeito a fortes economias de escala, os cálculos dos custos geralmente suplantam os estratégicos. O que acontece nesses casos é que o controle sobre a provisão dos recursos muda dos usuários para um grupo de fornecedores externos. E, via de regra, foi isso o que aconteceu com os programas de computação.

À medida que os programas tornaram-se cada vez mais complexos, aumentando de algumas poucas linhas de códigos para centenas de milhares e até mesmo de milhões, o compartilhamento nos grupos de usuários não foi mais suficiente. A maioria das empresas simplesmente não era capaz de manter o pessoal necessário para produzir os programas internamente. Em vez disso, elas começaram a delegar o desenvolvimento dos programas a empresas especializadas, que surgiram originariamente em meados da década de 1950 e depois se proliferaram durante a década de 1960. Os programadores que as empresas mantinham começaram a mudar seu foco de desenvolver novos projetos para manter, aprimorar e resolver os problemas entre os programas existentes.

Por centralizar os conhecimentos especializados e atender a muitos clientes diferentes, as novas empresas produtoras de programas ofereciam um meio muito melhor de concentrar as economias de escala no desenvolvimento de programas. Ao mesmo tempo, a chegada dessas empresas forçou ainda mais os programas comerciais a serem considerados mercadoria, iniciando sua transformação de um recurso proprietário para uma mercadoria de consumo. Embora as empresas terceirizadas criassem o que se chamava de "aplicativos personalizados" para seus clientes, o que havia era uma personalização muito menor do que a aparente. Essas empresas tenderam a se especializar em determinados setores ou processos empresariais para serem capazes de reciclar grandes porções de seus códigos de um contrato para outro. "À medida que as empresas conseguiam cada vez mais contratos na mesma modalidade de aplicativos", explica o historiador da programação de computadores Martin Campbell-Kelly, "foram dominando o conhecimento das ferramentas de programação e das propriedades dos códigos que podiam ser redirecionados interminavelmente para os diversos clientes."[15] Foi graças a esse reaproveitamento que os programas sofisticados permaneceram ao alcance de boa parte dessas empresas — e também graças a esse fator que as empresas de programação puderam obter lucro.

Quando os minicomputadores e, subsequentemente, os computadores pessoais apareceram nas décadas de 1970 e 1980, aconteceram três coisas que transformariam o desenvolvimento dos programas de computação, mudando ainda mais o controle para os fornecedores. Primeiro, as empresas puderam arcar com os custos de um número maior de computadores, o que levou a um aumento considerável no número da base de usuários, proporcionando oportunidades ainda maiores para as economias de escala no desenvolvimento dos programas. Depois, pela primeira vez, os funcionários sem conhecimentos técnicos começaram a interagir diretamente com os computadores, aumentando radicalmente a importância da simplicidade e da padronização no projeto dos programas. Por fim, o trabalho em rede tornou-se cada vez mais importante, pressionando as empresas a substituir os aplicativos proprietários "fechados" por outros compartilhados ou "abertos". Em resposta a esses avanços, os programas tornaram-se um pacote de mercadorias.

A evolução dos pacotes de programas guarda uma notável, e nem um pouco coincidente, semelhança com a evolução dos equipamentos. Os primeiros aplicativos populares comercializados em massa, como os processadores de textos e de planilhas, tenderam a ser aqueles com as maiores bases de consumidores com menos conhecimentos técnicos — aqueles usados, em outras palavras, por funcionários de escritórios e outros na "periferia" do modelo empresarial. A partir desse ponto, os pacotes de aplicativos moveram-se sucessivamente para a automatização "interna" de tarefas mais especializadas. Assim como a potência crescente dos microprocessadores e a necessidade de operacionalidade interativa impuseram a padronização a tipos cada vez mais sofisticados de equipamentos de computação, também essas mesmas forças levaram à homogeneização de programas aplicativos mais sofisticados. No fim da década de 1980, as empresas só estavam comprando processadores de texto e programas de planilhas disponíveis no mercado. Elas passaram a comprar programas genéricos para administração de bancos de dados, operação em rede, contabilidade, emissão de faturas, programação de produção, controle de materiais, projetos de engenharia por computador, administração de recursos humanos, projetos gráficos e assim por diante. Antes era possível, embora oneroso, criar programas distintos para todas essas funções técnicas e comerciais. Agora qualquer empresa podia comprar (ou pelo menos obter a licença) os mesmos recursos por apenas algumas centenas de dólares.

O surgimento dos pacotes de programas de computação comerciais culminou na década de 1990 com a introdução dos sistemas de planejamento dos recursos empresariais [ERP, do inglês *enterprise resource planning*]. Produzidos originariamente pela empresa alemã SAP, os pacotes de ERP prometiam resolver, o que às vezes acontecia, um dos problemas mais desafiadores e caros que afligem as empresas modernas: a proliferação de aplicativos de programas limitados e distintos. À medida que as empresas e seus diversos negócios e unidades de pessoal automatizavam uma função após outra, em pouco tempo elas se viam administrando uma série desnorteante de sistemas criados em linguagens diferentes, funcionando em equipamentos e sistemas operacionais distintos, incapazes de compartilhar informações. Não era apenas caro manter e resolver os problemas dos programas fragmentados; isso levava a uma quantidade imensa de erros e trabalho redundante, à medida que alguns dados precisavam ser introduzidos separadamente em muitos sistemas e formatos diferentes. E isso impedia que os executivos tivessem uma visão clara do seu negócio como um todo — eles só conseguiam ver partes isoladas.

Os programas da SAP, e os outros sistemas de ERP concorrentes que surgiram na sua esteira, tratavam os aplicativos fundamentais da administração — desde a contabilidade e a administração dos recursos humanos, até o planejamento da produção, a precificação e as vendas — como módulos de um sistema integrado único. Todos os módulos partiam de um único banco de dados, que posteriormente alimentavam, eliminando a necessidade da inclusão de dados redundantes, reduzindo erros e permitindo que os gerentes tivessem um sentido muito mais imediato de como o negócio estava funcionando como um todo. Embora fosse possível ajustar alguns elementos de um sistema de ERP aos processos de um setor ou empresa em particular, a personalização técnica era realizada de fora por consultores que usavam ferramentas de configuração padronizadas, o que significa que qualquer personalização valiosa poderia ser reproduzida por outras empresas. E no final dos anos 1990, ficou claro que a personalização extensiva não compensava o trabalho necessário. As empresas decidiram adotar as configurações básicas, entendendo que a modificação dos programas complexos resultaria em atrasos e custos, sem oferecer uma diferenciação significativa.[16]

No nível funcional, havia pouco que distinguisse os diversos sistemas dos fornecedores. Independentemente de se comprar o sistema de ERP da SAP, da Oracle, da PeopleSoft ou da Baan, recebia-se a mesma funcionalidade básica, assim como os mesmos benefícios e problemas. As distinções entre os programas continuaram a evaporar à medida que os fornecedores se apressavam em copiar as características uns dos outros, onde cada nova geração dos programas trazia uma homogeneização maior. Em 1998, Ray Lane, então presidente da Oracle, confessava que "os clientes não enxergam nem 5% de diferença entre a SAP, o PeopleSoft e nós".[17]

Os sistemas de ERP, assim como outros sistemas empresariais que automatizam, por exemplo, a administração da cadeia de abastecimento e a administração da relação com o cliente, eram extremamente complexos e caros de se produzir. Mesmo depois de desenvolver a versão de seu programa para computador de grande porte, a SAP precisou gastar aproximadamente 1 bilhão de dólares para criar uma versão para a arquitetura cliente/servidor.[18]

Não havia como as empresas isoladas desenvolverem os programas por conta própria. Os sistemas empresariais integrados *só* podiam vir de fornecedores externos capazes de diluir seus custos de desenvolvimento entre muitos clientes. E à medida que as grandes empresas faziam fila à porta desses vendedores, os programas como mercadoria chegaram ao coração das empresas. Uma vez mais, aos olhos dos executivos, os ganhos em eficiência provenientes de programas compartilhados sobrepujavam os custos da personalização perdida.

Quando o local das inovações tecnológicas muda de usuários para fornecedores, como aconteceu com os programas de computação, fica ainda mais difícil para as empresas se distinguirem. A implantação das máquinas como ferramenta no final do século XIX e início do século XX oferece uma ilustração conveniente desse processo. As máquinas como ferramenta funcionam como uma boa analogia para os programas de computação por três razões. Primeiro, porque elas são, em si, uma espécie de programa — automatizam a fabricação de uma parte de um produto, ou de um produto inteiro, armazenando informações sobre sua forma, suas dimensões e seu processo de produção. Segundo, elas podem ser projetadas para um número praticamente infinito de aplicações, desde as rudimentares às altamente complexas. Terceiro, elas tornaram-se rapidamente presentes em toda a indústria — eram tão boas para impulsionar a produtividade que praticamente todos os fabricantes foram forçados a usá-las.

As máquinas-ferramenta originais eram simples gabaritos, peças de madeira que os artífices moldavam para guiar os cortes de uma serra ou fresa. Quanto mais talentoso fosse o artífice em idealizar e produzir os gabaritos, mais rápido era capaz de trabalhar, e melhor era a qualidade dos seus produtos, o que conferia uma vantagem para ele próprio ou para seu empregador. No fim dos anos 1800, porém, a introdução da energia e dos motores elétricos provocou o surgimento de máquinas mais sofisticadas, e um novo tipo de negócio — o fornecedor de máquinas-ferramenta — apareceu. Vendendo suas ferramentas para diversas empresas, os fabricantes, como a Cincinnati Milling Machine Company, foram capazes de alcançar economias de escala e espalhar seus custos de desenvolvimento sofisticado entre muitos clientes. Na primeira metade do século XX, as máquinas-ferramenta progrediram rapidamente por meio de uma série de avanços tecnológicos, desde sistemas de engrenagens a controles hidráulicos e eletromecânicos. Cada etapa produzia ferramentas mais sofisticadas que melhoraram a precisão, a velocidade e a flexibilidade da indústria.

Os avanços nas máquinas-ferramenta aprimoraram drasticamente os processos de fabricação, aumentando a produtividade e a qualidade dos produtos. Mas, como as ferramentas eram feitas por fornecedores, que naturalmente visavam a maximizar suas vendas, vendendo ao maior número de fabricantes, os avanços tecnológicos tenderam a se difundir rapidamente por todo o setor manufatureiro. Os benefícios não eram de propriedade de nenhum fabricante — pelo menos por muito tempo não foram. Em consequência disso, os aperfeiçoamentos nas máquinas-ferramenta fortaleceram a indústria como um todo sem oferecer nenhum benefício competitivo duradouro para os fabricantes isolados.[19] A "mercadização" (dinâmica de mercado) dos programas de computação seguiu um caminho semelhante.

O futuro dos programas de computação

As economias de escala da produção dos programas de computação explicam o surgimento dos programas genéricos, em pacotes, oferecidos pelos fornecedores e compartilhados por muitas empresas. No entanto, os programas também são altamente suscetíveis ao efeito da hipereficiência, o que acrescenta um impulso adicional à tendência de sua mercadorização. A exemplo dos fabricantes de equipamentos de computação, os produtores de programas são pressionados a aprimorar constantemente seus programas para satisfazer os "usuários mais exigentes" e a manter a liderança, ou pelo menos a igualdade, em relação à concorrência. Mas em relação aos programas de computação uma força adicional provoca a hipereficiência. Como os programas não são um produto físico, eles não sofrem desgaste à medida que são usados — nunca se desmancham. Em consequência disso, não existe um ciclo natural de recompra. A única maneira de fazer com que um cliente compre um programa de novo é melhorar o programa — torná-lo "mais atualizado". A perpetuação do ciclo de atualização, tornando os programas mais avançados, tem sido um fator decisivo para a economia da maioria dos fabricantes de pacotes de programas, mas isso também tem apressado a hipereficiência. A Microsoft, por exemplo, lançou muitas atualizações lucrativas do seu pacote Office ao longo das décadas de 1980 e 1990, mas quando ela lançou sua versão do Office 97, descobriu que o mercado tinha se tornado menos receptivo. Muitos usuários não precisavam da última rodada de características, e o ciclo de atualização quase parou. No fim, os clientes insatisfeitos forçaram a Microsoft a lançar um programa especial de conversão, permitindo que arquivos do Office 97 fossem abertos no Office 95, capacitando-os a manter sua versão antiga do programa.[20] O Office da Microsoft tinha se tornado eficiente demais para um grande segmento de seus consumidores.

Como acontece com os equipamentos de computação, a tendência a se tornar eficiente demais abre caminho para versões de aplicativos baratas e encaradas como mercadoria. Isso explica, em grande parte, a crescente popularidade dos chamados programas livres [ou *open-source*, programas de "código livre", software livre]. Embora versões anteriores de programas livres tendam a ser muito pesadas, com inferfaces de usuário que carecem de sofisticação e requerem muito aperfeiçoamento, sua base de consumidores cresce constantemente à medida que os recursos dos programas avançam e tornam-se mais padronizados. Atualmente, o programa de servidor de web mais usado é o Apache de acesso livre, que detém cerca de 65% de participação no mercado,[21] e o sistema operacional Linux continua a roubar a participação do Windows e dos sistemas proprietários baseados no Unix. Entre os programas de bancos de dados, o MySQL de acesso livre está ameaçando programas tradicionais de preço elevado, como os da Oracle, da IBM e da Microsoft. Numerosos aplicativos de acesso livre também estão sendo desenvolvidos ou aprimorados, incluindo conjuntos para utilização em escritórios, como o OpenOffice, cujos arquivos são compatíveis com os do Office da Microsoft. Há poucos motivos para se duvidar que, à medida que seus recursos avançam, muitos desses aplicativos também começam a suplantar os programas mais caros dos fornecedores tradicionais.

Às vezes, a disseminação dos programas livres é promovida efetivamente por empresas estabelecidas, uma vez que isso é considerado uma maneira de atacar os concorrentes. Quando a IBM anunciou em, 2000, que aceitaria o Linux, por exemplo, uma das suas principais motivações era afastar os consumidores dos sistemas operacionais da Microsoft e da Sun, duas das suas arquirrivais. A SAP teve uma meta semelhante quando, em 2003, começou a distribuir o MySQL para os clientes. A gigantesca empresa de programas de computação gostaria de diminuir o controle da Oracle, da IBM e da Microsoft dos bancos de dados sobre os quais os programas da SAP são rodados. A Sun, por sua vez, está promovendo intensamente seu conjunto de aplicativos baratos StarOffice, uma versão de acesso livre do OpenOffice, na esperança de corroer o controle da Microsoft sobre os computadores pessoais. Os fornecedores de TI estão mais do que satisfeitos em ver os produtos dos seus rivais sendo mercadorizados.

Outro empurrão no sentido da mercadorização dos programas de computação é a sofisticação crescente das ferramentas usadas pelos criadores dos programas. Para programar um computador de grande porte no início da década de 1950, um engenheiro de programação precisava escrever instruções em linguagem de máquina — os números binários que são codificados pelos computadores. Nos anos 1960, o desenvolvimento de linguagens de programação, como o Fortran, o Cobol e o Basic, permitiram que os programadores trabalhassem em um nível superior, escrevendo em formatos mais naturais que se assemelhavam a equações algébricas ou mesmo à escrita normal. Mais recentemente, as ferramentas de programação gráfica, como o Virtual Basic, da Microsoft, e as linguagens voltadas para objetos, como o Java, da Sun, simplificaram ainda mais a criação, facilitando para os programadores reutilizarem módulos de códigos para tarefas específicas. A modularização possibilita que os programadores reproduzam rapidamente — ou sobrepujem — a funcionalidade de programas existentes, corroendo ainda mais a atratividade dos estáticos programas proprietários.

Ao simplificar o desenvolvimento dos programas, a introdução de novas ferramentas também ajudou a expandir constantemente a disponibilidade de programadores, o que no passado foi uma limitação para o desenvolvimento e a reprodução de programas. Em 1957, havia menos de 20.000 criadores profissionais de programas no mundo. Atualmente, calcula-se que existam cerca de 9 milhões.[22] Uma das tendências mais importantes no desenvolvimento de programas de computação, na verdade, é a rápida mudança da produção na direção de países com mão de obra barata, em especial a Índia. A General Electric já usa cerca de 8.000 empresas indianas terceirizadas para codificar e ajudar a operar seus sistemas de TI; aproximadamente metade do desenvolvimento de programas da empresa atualmente está localizada na Índia.[23] A GE está longe de ser a única. O instituto Forrester Research prevê que, em 2015, praticamente meio milhão de empregos americanos em TI serão deslocados para o exterior na medida em que as empresas tentam cortar despesas.[24] Conforme observa o *Financial Times,* "O pessoal de TI em outros países como a Índia, as Filipinas e o México é, no mínimo, tão capaz quanto os seus colegas nas economias de altos salários da América do Norte e da Europa — e podem custar até 90% a menos como funcionários".[25]

O uso cada vez maior de trabalhadores de baixos salários no exterior para desenvolver os programas imita, é claro, a mudança anterior da capacidade de fabricação no exterior. E os paralelos vão ainda mais longe. À medida que as exigências de programas de computação das empresas tornam-se mais padronizadas, e os programas em si tornam-se mais modulares, o desenvolvimento dos códigos está se tornando menos parecido com um serviço criativo e mais com uma rotina de fabricação. Na verdade, Kumar Mahadeva, chefe-executivo da Cognizante, uma das principais empresas de terceirização de TI, orgulhosamente chama a operação de desenvolvimento de programas da sua empresa na Índia de "uma fábrica", alegando que seus rígidos processos de produção e medidas de controle de qualidade oferecem uma eficiência drasticamente maior do que os métodos tradicionais de produção de programas.[26] Certamente, sempre haverá a necessidade de gênios criativos no desenvolvimento dos programas, mas no futuro parece provável que a maioria dos programas corporativos serão um bem de mercado produzido por operários anônimos espalhados por todo o mundo.

A internet, é importante observar, tem desempenhado um papel decisivo na aceleração da mercadorização da TI. Como uma rede aberta, a internet tem encorajado maior padronização, e, em muitos casos, aumentado as desvantagens para o uso de sistemas proprietários fechados. Porém, mais do que isso, ela se tornou uma plataforma universal para a fabricação e a distribuição de programas. A internet possibilitou que os programadores de todo o mundo colaborassem em projetos de acesso livre, além de abrir caminho para atrair trabalhadores do exterior para esforços corporativos de desenvolvimento de programas.

Quando confrontados com a tendência histórica do aumento da mercadorização dos programas, incluindo aplicativos comerciais altamente sofisticados, alguns profissionais da TI resistem aos fatos. Fieis à visão tradicional em relação aos programas, eles sustentam que sempre surgirão novos programas empolgantes, que a maleabilidade dos programas assegura a inovação infinita. Isso não é uma inverdade, mas está quase além da questão. Sim, as inovações em matéria de programas continuarão a aparecer e algumas podem ser amplamente adotadas, mas isso não significa que as empresas isoladamente serão capazes de mantê-las como recursos proprietários. As tendências na criação dos programas não só asseguram a mercadorização dos aplicativos existentes; asseguram também que a funcionalidade de todos os novos aplicativos será rapidamente copiada e amplamente disseminada. Os novos programas atraentes, assim como os velhos programas igualmente atraentes, irão se transformar em custos para a condução dos negócios, à medida que o ritmo da mercadorização continua a acelerar.

Em última análise, os programas, assim como os equipamentos de computação, podem desaparecer. Em vez de lançar determinados programas, os usuários das empresas podem simplesmente ligar-se à "malha", obtendo acesso imediato a quaisquer ferramentas que precisem, em um determinado momento. Os aplicativos, nessa visão do futuro, serão distribuídos na internet, pelas empresas de serviços, que cobrarão taxas de acordo com o uso. Novamente, isso pode parecer artificial, distante. Mas a combinação da internet de banda larga e dos programas que podem ser rodados em qualquer equipamento (como os escritos em Java) já representam o modelo de serviços como uma realidade em alguns setores. A Salesforce.com, por exemplo, oferece aplicativos de administração do relacionamento com o cliente pela internet por baixas taxas mensais. Seus usuários, que já somam cerca de 100.000, não precisam instalar ou manter os complexos pacotes em CRM. Eles apenas precisam abrir um navegador e usar os servidores e serviços oferecidos pela Salesforce.com. O lema da empresa — "Sucesso, não software" — pode indicar a etapa final da marcha acelerada para transformar os programas comerciais em mercadoria: dos programas criados dentro da empresa aos aplicativos escritos por empresas terceirizadas, passando pelos pacotes de aplicativos e chegando aos serviços baseados em taxas.

Inovações na arquitetura

A TI não consiste apenas em equipamentos de computação distintos e em produtos como os programas. Ela também abrange a maneira como esses componentes se fundem para formar uma "arquitetura" mais ampla para a administração das informações. Longe de ser estática, a arquitetura da TI continua a mudar e avançar, particularmente enquanto os fornecedores e usuários adaptam seus sistemas à internet. Esse fato distingue a TI das tecnologias de infraestrutura anteriores, que tendiam a chegar relativamente cedo a uma arquitetura bastante estável no seu desenvolvimento. Como escreveram os especialistas em TI John Hagel e John Seely Brown: "Longe de se estabilizar em uma configuração ou arquitetura dominante [a exemplo das tecnologias anteriores], a TI tem se transformado por diversas gerações de arquiteturas e continua a gerar outras novas".[27]

A pergunta é: os avanços técnicos na arquitetura da TI oferecerão vantagens defensáveis para as empresas em si, ou eles serão rapidamente incorporados à infraestrutura comum, e assim estarão disponíveis e acessíveis a todos? Responder a essa pergunta nos leva de volta ao conceito da "mercadização". À medida que as redes fechadas, privadas, têm desaparecido para dar lugar a redes abertas, públicas, tem-se tornado contraproducente para as empresas continuarem a desenvolver arquiteturas proprietárias de TI. Em consequência disso, a maioria dos avanços no campo dessa arquitetura surge agora a partir dos fornecedores, que têm enormes incentivos econômicos e competitivos para promover a adoção ampla das suas inovações, convertendo-as em padrões industriais.

Considere, por exemplo, um elemento decisivo da arquitetura da TI: a maneira como as pessoas e os aparelhos se conectam com as redes. Ao longo dos últimos anos, vimos uma mudança rápida de conexões por fio, usando, normalmente, cabos de tecnologia Ethernet, para as redes sem fio que usam, em geral, antenas Wi-Fi. A tecnologia Wi-Fi, que é o acrônimo de *"wireless fidelity"* [ou "fidelidade sem fio"], é um dos muitos avanços tecnológicos que mereceu o título de *Next Big Thing* [próxima coisa importante] da imprensa americana, e nesse caso o apelido foi bem merecido. As conexões sem fio oferecem uma flexibilidade muitíssimo maior para o usuário e geralmente são muito mais baratas quanto à instalação e à manutenção do que as redes com fio.

No entanto, longe de ser uma fonte de vantagem potencial para uma empresa isolada, o Wi-Fi já é uma mercadoria, um elemento barato e cada vez mais universal da infraestrutura geral. Como isso aconteceu — e tão rapidamente — é esclarecedor porque revela a pressão enorme para "mercadorizar", ou transformar em mercadorias, os avanços da TI. A tecnologia do Wi-Fi foi desenvolvida em meados da década de 1990, e no fim dessa década uma empresa relativamente pequena, a Intersil, era a maior produtora de semicondutores necessários para processar os sinais de Wi-Fi. Mas assim que ficou claro que o Wi-Fi tinha um potencial mais amplo, a Intel apressou-se a entrar no mercado e começou a vender sua própria marca de chips de Wi-Fi, a Centrino, a preços inferiores. Em 1999, de acordo com o *Wall Street Journal*, um chip de Wi-Fi custava aproximadamente 50 dólares, mas em meados de 2003 a Intel já vendia seu chip Centrino por cerca de 20 dólares, perdendo, por estimativa, entre 9 e 27 dólares em cada venda.

Por que a Intel se satisfez em vender chips de Wi-Fi com prejuízo? Porque, no mínimo, retirar os lucros do mercado destruiria uma rival emergente. No entanto, havia também uma razão mais profunda. A ampla disponibilidade de redes de Wi-Fi encorajaria as empresas e as pessoas a comprar computadores portáteis, laptops, em vez de máquinas estacionárias de mesa, e a Intel ganha muito mais dinheiro com os conjuntos de chips para laptops do que com os conjuntos de chips para os computadores de mesa. Em outras palavras, era do interesse estratégico da Intel que o Wi-Fi se tornasse rapidamente uma mercadoria. Conforme declarou um executivo da Intel para o *Journal,* "Estamos tentando eliminar a equação de custos [pela adoção do Wi-Fi]".[28] Ao mesmo tempo, a competição entre as companhias telefônicas e outros provedores do serviço sem fio está tornando o acesso sem fio barato e fácil, com sinal de conexão Wi-Fi em restaurantes, hotéis, estacionamentos de empresas e universidades. A intensa rivalidade entre os fornecedores da TI assegura que praticamente todas as inovações arquitetônicas tornem-se amplamente disponíveis e a preços baixos.

Uma mudança potencial e de maior alcance na arquitetura da TI é o que veio a ser chamado de "serviços de rede". Embora o termo tenha sido definido de muitas maneiras diferentes, geralmente dependendo dos interesses comerciais dos seus promotores, os serviços de rede são um conjunto de programas padronizados e aplicativos que permitem que diversos sistemas de TI se comuniquem pela internet. Sem dúvida, os serviços de rede acrescentam uma interface padronizada aos sistemas heterogêneos, permitindo que se conectem e compartilhem dados e aplicativos sem exigir modificações no seu funcionamento interno. Intimamente relacionados à malha de computadores, os serviços de rede prometem apagar as incompatibilidades entre os computadores existentes nas empresas e os aplicativos, capacitando-os a operar entre si mais ou menos sem emendas. O surgimento dessa "arquitetura voltada para a prestação de serviços", como veio a ser chamada, seria uma bênção para muitas empresas, permitindo-lhes integrar com muito mais facilidade seus assim chamados sistemas herdados. Mais amplamente, no entanto, a arquitetura proporcionaria uma plataforma para a distribuição de aplicativos de programas como "serviços" na internet; uma empresa seria capaz de reconfigurar rapidamente seus sistemas de TI unindo automaticamente módulos de aplicativos de diversos fornecedores externos.

De qualquer maneira, isso é teoria. Ainda não se sabe até que ponto a arquitetura voltada para a prestação de serviços poderá, ou será, realmente implementada. Enormes desafios técnicos e políticos, desde o estabelecimento de padrões de dados complexos e consistentes para garantir a segurança e a confiabilidade, ainda precisarão ser vencidos.[29] No entanto, o fato de que algumas empresas já estão instalando formas rudimentares de serviços de rede, juntamente com os enormes investimentos que os fornecedores estão dedicando ao conceito, indica que pelo menos alguns elementos da tecnologia de serviços de rede serão incorporados à infraestrutura geral da TI.

Também nesseer caso, porém, as inovações técnicas provêm dos fornecedores, não dos usuários. Na medida que se demonstre que essa arquitetura voltada para a prestação de serviços tenha valor para as empresas, pode-se esperar que tanto a arquitetura quanto os serviços distribuídos por meio dela estejam rapidamente disponíveis a todas as empresas. Na verdade, por passar a maior parte do controle sobre os aplicativos comerciais para os fornecedores de serviços externos, os serviços de rede poderiam marcar o auge da tendência do fornecimento de recursos de TI... Isso não quer dizer que as empresas isoladas não tenham oportunidades de *usar* a nova infraestrutura de maneiras distintas, pelo menos a curto prazo.[30] No entanto, como mostra a história, até mesmo os usos de uma nova infraestrutura tecnológica tornam-se homogeneizados à medida que as melhores práticas são rapidamente disseminadas e imitadas.[31]

Seja qual for o destino específico dos serviços de rede, as inovações arquitetônicas continuarão a aparecer de uma forma ou de outra, à medida que os fornecedores competem para tornar a infraestrutura de TI um condutor mais estável, flexível e confiável para os negócios. Os benefícios desses avanços serão grandes, mas tenderão a ser ampla e rapidamente compartilhados. O CEO da Sun Microsystems, Scott McNealy, faz uma analogia reveladora com o setor automobilístico para explicar a evolução das arquiteturas corporativas de TI. Ele afirma que, no passado, uma empresa precisava construir "seu próprio calhambeque", comprando diversos componentes dos equipamentos e dos programas e montá-los em uma arquitetura proprietária para seu uso. Hoje, porém, progredimos para o início de uma nova era, afirma McNealy, na qual as empresas simplesmente contratam "um serviço de táxi", alugando uma arquitetura pronta, integrada, de um fornecedor externo.[32] Essa mudança promete ganhos consideráveis em matéria de desempenho e de acessibilidade, mas diminui a importância estratégica da arquitetura. Pode ter custado bem caro construir um calhambeque personalizado, mas pelo menos era possível construir um melhor do que o dos concorrentes. Chamar um táxi é algo que qualquer um pode fazer igualmente bem.

Quando é preciso parar

Um dos mitos mais arraigados do setor de TI é que ela nunca se tornará um setor maduro — que o progresso tecnológico não tem limites e os produtos da inovação poderão, e irão, romper todos os obstáculos ao crescimento e ao sucesso. Mesmo quando monta os sistemas da sua própria empresa a partir de componentes baratos, Eric Schmidt, do Google, proclama que a única maneira dos fornecedores de TI reagirem ao declínio do início dos anos 2000 "é surgir com novas visões grandiosas, no que somos muito bons".[33] O sentimento de juventude eterna é um mito adequado, talvez até mesmo necessário, para um negócio movido ao empreendedorismo contínuo e uma competição implacável. Mas isso é apenas um mito.

Apesar dos milhões de microchips potentes, dos infindáveis quilômetros de cabos de fibra ótica e dos bilhões de linhas de códigos intrincados, a infraestrutura comercial da TI não é tão complicada no nível conceitual. Ela requer mecanismos para armazenar dados digitais em grandes quantidades, para transportar rapidamente os dados onde eles são necessários e para permitir que os usuários acessem e processem os dados para cumprir as diversas tarefas práticas necessárias para conduzir um negócio. Em determinado momento, os equipamentos e os programas existentes serão suficientes — irão executar boa parte das funções necessárias de maneira suficiente para a maioria dos propósitos — e os avanços adicionais serão atraentes a fatias cada vez mais estreitas de usuários, oferecendo vantagens mais específicas e efêmeras.

Esse momento já está diante de nós. O economista da Universidade Northwestern, Robert Gordon, em um artigo publicado no *Journal of Economic Perspectives,* em 2000, sustenta que as empresas tendem a obter os maiores ganhos nas primeiras etapas da automação por computador, porque depois os benefícios práticos dos avanços tecnológicos posteriores declinam rapidamente. A análise de Gordon o leva a sugerir que "um segundo traço distintivo do desenvolvimento do setor dos computadores, após o declínio dos preços, é a velocidade sem precedentes com que se manifesta a diminuição dos retornos". Pode muito bem ser, conclui ele, "que os usos mais importantes para os computadores tenham sido desenvolvidos há mais de uma década no passado, não atualmente".[34]

Essa visão não é de maneira nenhuma limitada à torre de marfim. Muitos executivos comerciais estão estabelecendo como prioridade fazer uso efetivo dos bens de TI existentes, ao mesmo tempo que se abstêm dos gastos agressivos com novas tecnologias. Seu modo de pensar também reflete um sentimento crescente de que os investimentos em TI ultrapassaram o ponto da diminuição dos retornos. Tony Comper, o presidente e CEO do BMO Financial Group, uma das maiores instituições financeiras americanas, estima que "os dois usuários finais na minha organização — clientes e funcionários —, na realidade, utilizam cerca de 20% dos seus recursos de computação (e olhe que estou sendo generoso). O resto do investimento é grandemente desperdiçado". Isso o leva a "uma verdade maior" sobre a TI atualmente: "A exemplo das organizações de primeira linha, o BMO Financial Group já tem todas as tecnologias de que precisa para competir satisfatoriamente no momento".[35]

Essa conclusão será um anátema para aqueles no setor de TI que se convenceram de que os benefícios da tecnologia da informação serão sempre cada vez maiores, de maneira indefinida.[36] Mas isso está longe de ser uma má notícia. Dizer que as maiores inovações comerciais da TI estão no passado não é o mesmo que dizer que o setor fracassou, mas, ao contrário, que teve êxito. Pelo entusiasmo empreendedor, pelas inovações corajosas e um espírito de aventura indomável, o setor produziu, em um prazo consideravelmente curto, uma nova infraestrutura comercial que atualmente pode ser usada por todas as empresas para distribuir benefícios a todas as pessoas. Sem dúvida, continuaremos a ver criações úteis e, às vezes, incríveis da infraestrutura, assim como tem acontecido com a tecnologia ferroviária, com a eletricidade e com o serviço telefônico. E muitos desses avanços serão rapidamente adotados em todos os setores, levando a uma produtividade superior, produtos melhores e consumidores mais satisfeitos. Mas as inovações não mudarão a natureza essencial de mercadoria da TI, assim como não irão alterar a nova realidade de seu papel nos negócios.

Notas

1. Neste capítulo e neste livro, uso os termos "mercadoria" e "mercadorização" do ponto de vista do usuário. Um recurso torna-se uma mercadoria, de acordo com esse ponto de vista, quando está disponível de imediato, pronto e acabado, a todos os concorrentes e, portanto, não oferece uma diferenciação duradoura a nenhuma empresa. Um insumo para um usuário não é necessariamente um produto considerado mercadoria para o fornecedor. Pense no pacote Office da Microsoft. Nenhuma empresa obtém uma vantagem comprando uma licença de uso do Office — trata-se de um insumo compartilhado pela maioria das empresas. Para a Microsoft, entretanto, o Office nada mais é do que uma mercadoria. Por diversos meios — controle do PC de mesa, manipulação dos padrões e da compatibilidade, efeitos de rede e altos custos para o usuário em caso de mudança — a Microsoft consegue continuar a vender o Office a um preço elevado e a obter lucros enormes com o que é atualmente um produto comum.

2. Kathryn Jones. "The Dell way". *Business 2.0*, fev. 2003, p. 60.

3. Andrew Park e Peter Burrows. "Dell, the conqueror". *BusinessWeek*, n. 24 set. 2001, p. 92.

4. Ibid.

5. "Modifying Moore's Law". *The Economist*. Pesquisa: The IT industry, 10 maio 2003, p. 5.

6. John Markoff e Steve Lohr. "Intel's huge bet turns iffy". *New York Times*, 29 set. 2002.

7. Aaron Ricadela. "Amazon says it's spending less on IT". *InformationWeek*, 31 out. 2001. Disponível em: <http://www.informationweek.com/story/IWK20011031S0005>. Acesso em: 7 jul. 2003.

8. Richard Waters. "In search of more for less". *Financial Times*, 29 abr. 2003.

9. Veja Daniel Roth. "Can EMC restore its glory?" *Fortune*, 8 jul. 2002, p. 107.

10. Jones. "The Dell way."

11. Clayton M. Christensen. *The innovator's dilemma: when new technologies cause great firms to fail*. Boston: Harvard Business School Press, 1997, p. xxii. Veja também o Capítulo 8 do livro de Christensen.

12. Veja "Moving up the stack". *The Economist*. Pesquisa: The IT industry, 10 mai. 2003, p. 6.

13. Steve Lohr. *Go to*. Nova York: Basic Books, 2001, p. 8. Lohr dá uma opinião precisa sobre os programas de computação em geral. O problema surge quando as pessoas confundem potencial inovador com valor prático, pensando que a falta de limites sobre o desenvolvimento dos programas implica necessariamente em uma falta de limites à sua utilidade nas empresas. Essa opinião é bastante comum nos círculos de TI e sempre se refletiu em reações críticas ao meu artigo "IT doesn't matter", na *Harvard Business Review*. Um colunista da *Industry Week*, por exemplo, escreveu: "Os programas podem ser mais apreciados pelo que são criados: inteligência. Os limites quanto à natureza, aplicações e funções dos programas encontram-se no cérebro humano. As diferentes aplicações dos programas comerciais são quase inumeráveis". (Doug Bartholomew. "Yes, Nicholas, IT *does* matter". *Industry Week*, 1º set. 2003. Disponível em: <http://www.industryweek.com/Columns/Asp/columns.asp?ColumnId=955>. Acesso em: 5 out. 2003.) Um conhecido consultor de TI afirmou igualmente que "os programas, desenvolvidos e rodados em equipamentos considerados como mercadorias, representam uma fonte virtualmente ilimitada de inovações lucrativas". (Peter O'Farrell. "Carr goes off the rail". *Cutter Consortium Executive Update* 4, n. 7, 2003. Disponível em: <http://www.cutter.com/freestuff/bttu0307.html#ofarrell>. Acesso em: 4 out. 2003.) O uso do adjetivo "lucrativas" transforma essa afirmação de um fato em especulação.

14. Martin Campbell-Kelly. *From airline reservations to sonic the hedgehog: a history of the software industry*. Cambridge: MIT Press, 2003, p. 31-34.

15. Ibid., p. 71.

16. Veja, por exemplo, Philip J. Gill. "ERP: keep it simple". *Information Week*, 9 ago. 1999. Disponível em: <http://www.informationweek.com/747/47aderp.htm>. Acesso em: 12 jul. 2003.

17. John Foley. "Oracle targets ERP integration". *Information Week*, 30 mar. 1998. Disponível em: <http://www.informationweek.com/675/75iuora.htm>. Acesso em: 8 jul. 2003.

18. Campbell-Kelly. *History of the software industry*, p. 195.

19. Veja Sam H. Schurr et al. *Electricity in the American economy: agent of technological progress*. Westport, CT: Greenwood Press, 1990, p. 43-49.

20. Carl Shapiro e Hal R. Varian. *Information rules: a strategic guide to the network economy.* Boston: Harvard Business School Press, 1999, p. 193-194.

21. Netcraft, "July 2003 web server survey". Disponível em: <http://news.netcraft.com/archives/2003/07/02/july_2003_web_server_survey.html>. Acesso: 7 jul. 2003.

22. Lohr. *Go to,* p. 6-7.

23. Richard Waters. "In search of more for less". *Financial Times,* 29 abr. 2003; Paul Taylor. "GE: trailblazing the Indian phenomenon". *Financial Times,* 2 jul. 2003.

24. Nuala Moran. "Looking for savings on distant horizons". *Financial Times,* 2 jul. 2003.

25. Ibid.

26. Kumar Mahadeva conversa com o autor, 16 jun. 2003.

27. John Vejaly Brown e John Hagel III, carta ao editor, *Harvard Business Review,* jul 2003, p. 111.

28. Scott Thurm e Nick Wingfield. "How titans swallowed Wi-Fi, stifling Silicon Valley uprising". *Wall Street Journal,* 8 ago. 2003.

29. Uma vez que o surgimento de uma arquitetura voltada para a prestação de serviços poderia mudar fundamentalmente a maneira como as empresas compram e usam a TI, há muito em jogo para os fornecedores. Até o momento, os interesses conflitantes dos fornecedores têm prejudicado tentativas de se chegar a um conjunto unificado de padrões abertos para os serviços de internet, o que é decisivo para a criação dessa arquitetura. Quando terminei de escrever este livro, as perspectivas de um acordo sobre os padrões pareciam cada vez menores, pelo menos a curto prazo. Conforme a revista *CIO* informou no final de 2003, observando o aparecimento de instituições de padronização concorrentes, "Os padrões dos serviços de internet começaram a se deteriorar este ano". Christopher Koch. "The battle for Web services". *CIO,* 1º out. 2003. Disponível em: <http://www.cio.com/archive/100103/standards.html> Acesso em: 25 nov. 2003).

30. Para uma opinião mais otimista sobre as implicações estratégicas potenciais dos serviços de internet, veja o artigo de John Vejaly Brown e John Hagel III, "Flexible IT, better strategy", *McKinsey Quarterly* n. 4, 2003. Disponível em: <http://www.mckinseyquarterly.com/article_page.asp?ar=1346&L2=13&L3=12&srid=14&gp=1>. Acesso em: 10 out. 2003.

31. Considerando a inesgotável criatividade dos autores de programas de computação, não é difícil imaginar o desenvolvimento de um serviço de internet que permita às empresas monitorar como a concorrência está usando outros serviços de internet em determinado momento. Os recursos para a rápida reprodução estariam, assim, embutidos diretamente na arquitetura.

32. Scott McNealy, em pronunciamento na conferência SunNetwork 2003, San Francisco, 16 set. 2003. Disponível em: <www.sun.com/about sun/media/presskits/networkcomputing03q3/mcnealykeynote.pdf>. Acesso em: 1 out. 2003.

33. Mylene Mangalindan. "Oracle's Larry Ellison expects greater innovation from sector". *Wall Street Journal,* 8 abr. 2003.

34. Robert J. Gordon. "Does the new economy measure up to the great inventions of the past?". *Journal of Economic Perspectives* 4, n. 14 (outono, 2000), p. 62. Veja também: Robert J. Gordon. "Hi-tech innovation and productivity growth: does supply create its own demand?". Relatório de trabalho, *NBER*, 19 out. 2002.

35. Tony Comper. "Back to the future: a CEO's perspective on the IT post-revolution", discurso no fórum IBM Global Financial Services, San Francisco, 8 set. 2003. Disponível em: <http://www2.bmo.com/speech/article/0,1259,contentCode-3294_divId-4_langId-1_navCode-124,00.html>. Acesso em: 23 set. 2003.

36. Nem todo mundo no setor de TI considera um futuro de crescimento ilimitado. O CIO da Oracle, Larry Ellison, provocou a indignação de muitos dos seus colegas quando, em um artigo publicado do início de 2003 no *Wall Street Journal,* questionou: "essa noção bizarra [...] de que nunca seremos um setor maduro", e sugeriu que o negócio de TI poderia já estar "tão grande quanto virá a ser" (Mylene Mangalindan. "Oracle's Larry Ellison expects greater innovation from sector". *Wall Street Journal,* 8 abr. 2003. No Fórum Econômico Mundial de 2003 em Davos, na Suíça, Bill Joy, um dos fundadores da Sun Microsystems, fez uma pergunta inquietante: "E se a realidade for que as pessoas já compraram a maioria das coisas que gostariam de ter?" (Mark Landler. "Titans still gather at Davos, shorn of profits and bavado". *Nova York Times,* 27 jan. 2003.) Até mesmo o CEO da Hewlett-Packard, Carly Fiorina, previu abertamente momentos difíceis para as empresas e os trabalhadores do setor de TI na medida em que se adaptam a um retardamento significativo na sua taxa de crescimento. (Veja Quentin Hardy. "We did it". *Forbes,* 11 ago. 2003, p. 76.)

CAPÍTULO 4

O fim da vantagem

A mudança no papel da TI nas empresas

Em meados da década de 1990, no início da grande "corrida do ouro" da internet, foram publicados dois estudos acadêmicos analisando a ligação entre tecnologia da informação e vantagem competitiva. O primeiro, publicado na *MIS Quarterly,* em 1996, era de autoria de Erik Brynjolfsson e Lorin Hitt, do Instituto de Tecnologia de Massachusetts.[1] Brynjolfsson e Hitt haviam conduzido anteriormente um estudo avançado a respeito do impacto dos investimentos em TI sobre a produtividade empresarial, que concluiu que os sistemas de computadores, pelo menos eventualmente, haviam levado a ganhos de produtividade.[2] Então eles decidiram ver o que acontecia com esses ganhos de produtividade: as empresas eram capazes de mantê-los na forma de lucros maiores ou eles se perdiam na competição, acabando no bolso dos consumidores?

Os dois pesquisadores investigaram dados sobre gastos com TI e desempenho financeiro em 370 grandes empresas americanas. Eles consideraram primeiro se os gastos tinham mudado a produtividade das empresas e, confirmando suas conclusões anteriores, descobriram evidências consideráveis de que isso acontecera. Descobriram, conforme escreveram, "uma forte corroboração da hipótese de que a TI tinha contribuído positivamente para o resultado final". Mesmo quando consideraram a conta de custo de capital, eles descobriram que os investimentos em TI normalmente produziam "altas taxas de retorno" pelo aumento da produtividade.[3]

No entanto, quando consideraram em que medida os benefícios econômicos do aumento da produtividade eram distribuídos na realidade, descobriram fortes indicações de que eram os consumidores que ficavam com a parte do leão*.

O seu exame dos dados financeiros das empresas "mostraram poucas evidências de um impacto da TI sobre uma lucratividade acima do normal" e, na verdade, sugeriam "a possibilidade de um efeito global negativo da TI sobre a lucratividade".[4] Os consumidores, entretanto, pareciam receber substanciais benefícios econômicos dos investimentos das empresas em TI. Em conclusão, os pesquisadores relataram que "os nossos resultados sobre a lucratividade sugerem que, em média, as empresas estão fazendo os investimentos necessários em TI para manter a paridade competitiva, mas não são capazes de obter vantagem competitiva".[5]

O segundo estudo foi publicado no ano seguinte. Realizado por Baba Prasad e Patrick Harker, na Faculdade Wharton da Universidade de Pensilvânia, analisou o impacto dos gastos de capital em TI sobre o desempenho das empresas no setor bancário americano. Por causa da enorme quantidade de transações que têm no processo, os bancos investiram grandes montantes de recursos especialmente em TI, e a complexidade do negócio levou muitos deles a desenvolver aplicativos altamente personalizados. Se a TI tivesse forte influência sobre a vantagem competitiva, seria de se pensar que ela apareceria

---

* Parte do leão é uma expressão que passou a significar o maior dos dois valores, ou, mais frequentemente, o maior dos vários montantes. Fonte: Wikipédia (N.R.T.).

no setor bancário. Ainda assim, combinando dados detalhados sobre 47 principais bancos de varejo americanos, Prasad e Harker não descobriram nenhuma evidência de que os gastos com capital de TI tivessem aumentado a lucratividade, conforme medido, tanto pelo retorno sobre o passivo quanto pelo retorno sobre o patrimônio. Na verdade, eles descobriram que os gastos sequer haviam aumentado a produtividade, enquanto os custos de instalação dos sistemas tiveram um peso maior que os ganhos resultantes no desempenho. A TI, embora seja uma necessidade competitiva, não produziu aos bancos nenhum benefício estratégico, concluíram. "A fácil disponibilidade da TI a todos os bancos implica que os investimentos não oferecem nenhuma vantagem competitiva", escreveram os pesquisadores no fim do seu estudo, "o investimento em TI teve um efeito nulo ou insignificante sobre a lucratividade dos bancos."[6]

Fora dos círculos acadêmicos, os dois estudos passaram amplamente despercebidos. Na época, os gurus empresariais, os consultores administrativos e os repórteres da área tecnológica estavam todos anunciando alegremente a morte da "velha economia" e proclamando a chegada da hegemonia do modelo empresarial digital. Parecia óbvio que o futuro do comércio seria escrito nos códigos dos programas de computação. Atualmente, porém, as descobertas dos pesquisadores parecem ter uma ressonância maior do que toda a retórica acalorada do final dos anos 1990. Embora considerassem os resultados médios em vez de experiências de algumas empresas em particular, os estudos encontravam-se entre os primeiros sinais perceptíveis de que as empresas tendem a não ser bem-sucedidas em defender as vantagens competitivas obtidas por meio das inovações na TI. As pesquisas indicavam que o potencial estratégico da TI poderia ser bem limitado e que, assim como as tecnologias de infraestrutura anteriores, a TI poderia rapidamente converter-se em um simples custo para manter a empresa em funcionamento.[7]

Considerando as características tanto dos equipamentos quanto dos programas de computação que os empurram na direção da rápida padronização e mercadorização, essas descobertas não deveriam aparecer como uma surpresa. Na realidade, a evolução do papel da TI entre as empresas tem espelhado com bastante semelhança o padrão estabelecido pelas tecnologias de infraestrutura anteriores. A expansão da infraestrutura da TI, por exemplo, tem sido impressionante como a das ferrovias e do sistema telegráfico. Considere apenas algumas estatísticas. Durante o último quartel do século XX, a potência de computação de um microprocessador aumentou 66 mil vezes.[8] Os gastos com programas de computação saltou de menos de 1 bilhão de dólares, em 1970, para 138 bilhões em 2000.[9] Na dúzia de anos entre 1989 e 2001, o número de computadores conectados à internet cresceu de 80 mil para mais de 125 milhões. Ao longo dos últimos dez anos, o número de sites na world wide web cresceu de zero a praticamente 40 milhões.[10] E desde a década de 1980, foram instalados cerca de 450 milhões de quilômetros de cabos de fibras óticas, suficientes, conforme observou a revista *Business Week,* para "dar mais de 11 mil voltas ao redor da Terra".[11] Os investimentos intensos colocaram a sofisticada TI ao alcance de qualquer empresa no mundo desenvolvido.

Isso não significa que todas as empresas adotaram as novas tecnologias com a mesma velocidade. O processo pelo qual uma tecnologia de infraestrutura torna-se um recurso compartilhado e padronizado é orgânico e evolucionário. Acontece em ritmos diferentes, variando de acordo com os setores e os países, dependendo de características operacionais e competitivas, capital disponível, regulamentações governamentais e muitos outros fatores. Nos Estados Unidos, por exemplo, o setor de serviços financeiros foi um dos primeiros e maiores investidores na TI, com bancos bem capitalizados, empresas de seguros e casas de corretagem apressando-se rapidamente a automatizar seus negócios de transações intensivas. No entanto, o setor fragmentário da saúde, protegido da competição, foi relativamente lento em adotar a TI, apesar da complexidade das suas exigências de processamento de informações e de transações. Atualmente, portanto, a TI continua tendo um potencial consideravelmente maior para oferecer vantagem competitiva para os fornecedores de serviços de saúde do que para as insituições financeiras. No entanto, mesmo contando com essas variações naturais, a história mostra que, de maneira geral, o papel estratégico da TI tem diminuído rápida e inexoravelmente.

Quando a TI era novidade

Assim como aconteceu com as tecnologias de infraestrutura anteriores, a TI ofereceu às empresas ágeis e previdentes muitas oportunidades para obter vantagem competitiva sustentável no início da sua expansão, quando ainda podia ser uma tecnologia proprietária. Às vezes, as vantagens baseavam-se no acesso de alto nível a novos equipamentos e programas, em outras, aos conhecimentos relativos ao uso da TI ou do seu poder transformador, ou ainda, em uma combinação de melhor acesso e maior previsibilidade.

As barreiras iniciais eram técnicas. Uma vez que não existiam empresas de computação antes da década de 1950, uma empresa que quisesse um computador precisava, literalmente, construir o seu. Foi o que a operadora de lojas de chá britânica J. Lyons & Company fez. Em 1947, os diretores da empresa, conhecidos por suas práticas comerciais inovadoras, perceberam que poderiam obter uma vantagem sobre os concorrentes pela automatização das funções administrativas de rotina, como a administração da folha de pagamento, bem como processos operacionais mais complexos, como a administração do estoque. A empresa organizou duas equipes de funcionários com formação técnica, uma para construir o computador e outra para produzir o programa de computação. Quatro anos depois, o pioneiro computador da empresa — apelidado LEO, sigla para Lyons Electronic Office — entrou em operação. Instalado na sede da Lyons em Londres — em "uma sala do tamanho de uma quadra de tênis", de acordo com um relato[12] —, a máquina enorme, equipada com 5.000 tubos de vácuo para realizar os cálculos e diversos cilindros compridos, cheios de mercúrio para armazenar os dados, proporcionou à Lyons uma vantagem no processamento das informações à qual suas rivais não conseguiram se equiparar durante anos. A empresa não só foi capaz de reduzir o tempo necessário para processar o pagamento semanal de um funcionário de oito minutos para dois segundos, mas também conseguiu ordenar a entrada de suprimentos e a distribuição das mercadorias; e, pela primeira vez, conseguiu acompanhar as despesas e os lucros de cada produto e das lojas diariamente.

Poucas outras empresas tiveram a capacidade, ou a disposição, para construir seus próprios computadores. No entanto, esses esforços heroicos em breve tornaram-se desnecessários. Enquanto a Lyons mourejava na construção do seu computador central, as grandes empresas de eletrônica e de máquinas comerciais lentamente passaram a avaliar o potencial comercial dos computadores. Em 1951, o mesmo ano em que o LEO entrou em operação, a Remington Rand apresentou seu UNIVAC, o primeiro computador eletrônico programável a ser oferecido ao mercado comercial em geral. Em poucos anos, outros grandes fornecedores — National Cash Register, General Electric, Philco, RCA, Burroughs e, a mais importante, a IBM — também começaram a construir computadores de grande porte para as empresas.

À medida que os computadores tornaram-se disponíveis, os obstáculos técnicos à computação comercial começaram a desaparecer. No entanto, um obstáculo econômico intimidador permanecia. Apenas as empresas maiores e mais abastadas eram capazes de arcar com o custo de adquirir ou alugar um computador central de grande porte e manter o pessoal técnico capaz de fazê-lo funcionar. Os primeiros UNIVACs, por exemplo, custavam até 1 milhão de dólares cada. E quando a IBM lançou sua primeira linha de computadores comerciais — a série 700 —, em 1952, o aluguel de cada um custava mais de 150 mil dólares por ano.[13] Ao mesmo tempo, apenas poucas dezenas de empresas tinham condições de arcar com um dispêndio dessa magnitude.

No entanto, por mais caro que fosse o equipamento, foi o desenvolvimento da programação que apresentou os maiores obstáculos ao acesso. Isso porque os fabricantes dos computadores prestaram pouca atenção aos programas, as empresas precisaram montar seus próprios quadros de programadores, o que acabou se tornando uma proposta muito cara. E mesmo que uma empresa tivesse dinheiro para contratar os programadores necessários, geralmente ela encontrava dificuldade para recrutá-los. As pessoas habilitadas na arte secreta da preparação dos códigos em linguagem de máquina formavam um pequeno e esparso grupo na época, e tendiam a trabalhar para os militares.

É claro que a própria dificuldade de criar sistemas de informações significava que qualquer empresa capaz de realizar esse feito seria capaz de abrir uma enorme vantagem sobre as concorrentes. As empresas rivais poderiam demorar vários anos para copiar um avanço no processamento de dados corporativos. Talvez o exemplo mais famoso de uma empresa que obteve uma vantagem antecipada desse tipo seja o da American Airlines com seu sistema de reservas Sabre. A empresa começou a discutir a possibilidade de produzir um sistema de reservas computadorizado com a IBM, em 1953. Na época, as reservas para os voos eram feitas por meio de um processo totalmente manual e lento, que exigia um trabalho constante e tendia a apresentar erros. As informações sobre as reservas de lugares eram mantidas em separado dos dados sobre os passageiros, requerendo uma rodada complicada de revisões que acrescentavam mais custos e mais erros. Para manipular todos os dados, cada linha aérea importante precisava manter um imenso departamento de reservas que, de acordo com um relato, assemelhava-se a "uma sala de operações de guerra".[14] Embora a American Airlines tivesse instalado um sistema mecânico rudimentar para acompanhar as reservas de lugares, chamado Reservisor, a empresa ainda dependia amplamente do lento processo manual.

A empresa percebeu que a melhora do processo de reserva poderia representar enormes benefícios competitivos. Em primeiro lugar, um sistema automatizado reduziria drasticamente os custos de mão de obra. Segundo, uma redução nos erros permitiria que a empresa reduzisse seu "estoque de segurança" de lugares vazios em cada voo, impulsionando significativamente as receitas. Terceiro, à medida que as reservas se tornassem mais confiáveis e mais fáceis de serem feitas, os clientes prefeririam voar pela American em vez de voar pelas outras empresas aéreas. Finalmente, um sistema computadorizado centralizado permitiria à American analisar suas operações com precisão muito maior, levando à decisões mais eficazes sobre rotas, aviões, serviços e preços das passagens e cargas.

Em meados da década de 1950, porém, os equipamentos e os programas de computação não haviam avançado a ponto de serem sistemas complexos e que funcionassem em tempo real. No entanto, estava ficando cada vez mais claro que a tecnologia necessária estaria disponível em breve. Em 1959, depois de seis anos de análises exploratórias, o presidente da American, C. R. Smith, assumiu a decisão e assinou um contrato para o desenvolvimento da programação necessária, para ser rodada em um conjunto duplo de computadores de grande porte IBM 7090. Foi uma tarefa arriscada e de grande vulto, que exigiu, de 200 engenheiros e técnicos experientes, cinco anos para ser completada e custou à American um montante estimado em 30 milhões de dólares, uma quantia exorbitante para a época.

No entanto, quando começaram a se desenrolar os primeiros testes de instalação do sistema, em 1962, tornou-se imediatamente claro que o Sabre cumpriria seu potencial e se tornaria uma vantagem competitiva para a companhia aérea. O ganho em produtividade foi impressionante: o Sabre era capaz de processar em alguns minutos o mesmo número de transações que dezenas de funcionários durante um dia de trabalho. Ao mesmo tempo, a taxa de erro caiu de 8% para menos de 1%.[15] E, conforme o esperado, os dados gerados pelo sistema deram à American flexibilidade na alocação dos seus recursos e precisão no estabelecimento dos preços. Estimou-se que os ganhos financeiros com o sistema permitiram que a empresa obtivesse um retorno de 25% sobre seu enorme investimento.[16] Mas os benefícios de marketing foram igualmente grandes. Como informa Thomas Petzinger, do *Wall Street Journal,* no seu livro *Hard landing* [Pouso difícil], "Quase imediatamente a American começou ganhando participação no mercado em relação às outras empresas aéreas, incluindo a sua arquirival, a United Airlines". Na esteira das conquistas da American, segundo Petzinger, qualquer empresa aérea que "ignorasse a revolução dos computadores o fazia sob grande risco".[17]

É claro que poucas empresas aéreas ignoraram a revolução dos computadores. A maioria das concorrentes da American rapidamente percebeu a vantagem obtida pela empresa e imediatamente iniciou seus próprios trabalhos para instalar sistemas de reservas. A IBM, por sua vez, teve a maior satisfação em ajudar. Baseando-se na sua experiência com o Sabre, a gigante dos computadores criou um sistema genérico, chamado PARS, o qual ofereceu às outras empresas aéreas e obteve sucesso considerável. No início da década de 1970, numerosos sistemas baseados no PARS, mais notavelmente o Apollo, da United, foram considerados, do ponto de vista técinco, superiores ao Sabre. Mas a iniciativa antecipada da American revelou-se uma vantagem grande demais para ser superada. No fim da década de 1970, a American conseguiu impor o Sabre como o sistema de reservas dominante usado pelos agentes de viagens, o que ofereceu à empresa aérea uma nova fonte de receitas importante, assim como uma vantagem de marketing em geral decisiva nas rotas mais concorridas.

Mantendo a vantagem

O Sabre é um exemplo de uma vantagem derivada principalmente de um acesso privilegiado a uma tecnologia de infraestrutura no início de desenvolvimento. Outras empresas aéreas reconheceram o valor potencial da automatização das reservas — os problemas com o processo manual existente eram dolorosamente óbvios — mas foi a American que fez os investimentos necessários para superar os obstáculos técnicos e financeiros.

Além das vantagens de acesso, houve também muitas outras a serem obtidas com a TI durante sua expansão. Um exemplo clássico de uma empresa que teve compreensão privilegiada de como a TI poderia servir de base para novos processos operacionais foi a American Hospital Supply. Fundada em Chicago em 1922, a AHS cresceu de maneira constante ao longo dos anos até se tornar um dos maiores fabricantes e distribuidores de suprimentos médicos nos Estados Unidos. No início dos anos 1960, ela também foi uma empresa pioneira em sistemas de informações.[18] Na época, a AHS, assim como outros fornecedores de produtos médicos, recebia os pedidos por meio de uma equipe de vendedores que era enviada aos hospitais. Ao fim de cada dia, os vendedores preenchiam seus formulários de pedidos e enviavam para a sede da empresa, onde os formulários eram revisados, classificados e encaminhados para os setores adequados de fabricação ou distribuição. O processo manual de administração dos pedidos era lento e dispendioso, uma vez que um hospital de tamanho mediano fazia em torno de 50 mil pedidos ao ano, geralmente por intermédio de até dez compradores diferentes. Na medida em que os computadores começaram a ser mais comuns nas empresas, a AHS entendeu que poderia ser possível ligar os compradores do hospital diretamente às suas operações de distribuição por meio de conexões eletrônicas, contornando totalmente o processo tradicional de tomada de pedidos. Esse sistema não só reduziria drasticamente os custos da AHS, mas capacitaria a empresa a prestar um serviço muito mais qualificado a seus clientes.

Para testar o conceito, a AHS rapidamente organizou uma rede primitiva, instalando um Dataphone da IBM no departamento de compras de um grande hospital da Costa Oeste, que era conectado a uma máquina perfuradora de cartões ligada a uma linha telefônica em um dos centros de distribuição. Quando os compradores do hospital introduziam um cartão perfurado codificado no Dataphone, automaticamente era produzida uma cópia no centro de distribuição, e o cartão era introduzido em uma máquina geradora de faturas da IBM, a qual produzia a listagem do pedido e emitia a fatura. O sistema foi um sucesso, permitindo que os pedidos fossem preenchidos muito mais rapidamente e com melhor precisão. Em pouco tempo, mais 200 hospitais requisitaram sistemas semelhantes.

Em meados da década de 1970, o sistema rudimentar evoluiu para um outro muito mais sofisticado, que a AHS chamou de Analytic – Systems Automated Purchasing [Sistema Analítico de Compra Automatizada], ou ASAP. Desenvolvido dentro da empresa, o ASAP usava um programa proprietário que rodava em um computador central de grande porte, e os agentes de compras dos hospitais comunicavam-se com ele por intermédio de terminais e impressoras em seu local de trabalho. Uma vez que o sistema de pedidos mais eficiente permitiu que os hospitais reduzissem seus estoques — e, assim, seus custos — os clientes apressaram-se a adotar o sistema. E uma vez que o sistema era de propriedade da AHS, foi possível manter a concorrência de fora. Durante vários anos, a AHS foi o único distribuidor a oferecer o sistema eletrônico de pedidos, uma vantagem que a levou a ganhos de mercado e resultados financeiros superiores por vários anos. De 1978 a 1983, enquanto a empresa colocava em operação novas versões do ASAP que ofereciam elos ainda mais estreitos com os sistemas de controle de estoques dos clientes, as vendas e os lucros da AHS subiram consideravelmente, em taxas anuais de 13 e 18%, respectivamente.[19]

A AHS, a exemplo da American Airlines antes dela, obteve uma verdadeira vantagem competitiva ao capitalizar as características das tecnologias de infraestrutura que eram comuns nas primeiras etapas de expansão, em especial seu custo elevado, a complexidade técnica e a falta de padronização. Dentro de uma década, porém, esses obstáculos à competição foram caindo. A chegada dos computadores pessoais e dos pacotes de programas, juntamente com o surgimento dos padrões de rede, tornava os sistemas proprietários de comunicação desinteressantes para seus usuários e caros para seus proprietários. Na verdade, em uma guinada irônica, se não previsível, a natureza fechada e a tecnologia obsoleta do sistema da AHS converteu-se de uma fonte de vantagem em uma fonte de desvantagem. No início da década de 1990, depois que a AHS fundiu-se com a Baxter Travenol para formar a Baxter International, os altos executivos da empresa passaram a considerar o ASAP, de acordo com um estudo de caso da Faculdade de Administração de Harvard, "um fardo esmagador ao redor do pescoço".[20] Ainda assim, o sistema da AHS proporcionou uma vantagem competitiva que durou por mais de uma década, sem dúvida se pagando diversas vezes seguidas. A decisão da empresa de lançar um pioneiro sistema de pedidos eletrônico foi um golpe comercial excepcional, ainda que a vantagem que tenha obtido não durasse para sempre.

Além de transformar determinados processos comerciais, como a tomada de pedidos e o atendimento, a TI também transformaria setores inteiros e causaria o surgimento de outros novos. Nesse caso, novamente, a previsão privilegiada levou a tremendas vantagens competitivas, como demonstra a história da Reuters. A Reuters foi uma pioneira da tecnologia das comunicações desde sua fundação em meados dos anos 1800. Seu primeiro avanço pioneiro, em

1849, foi decididamente de baixa tecnologia: usava pombos-correio para transportar cotações de ações através da lacuna entre o fim da linha telegráfica da Bélgica, em Bruxelas, e o início da linha alemã, em Aachen. Dois anos depois, ela se transformou em uma agência de telégrafos, enviando informações sobre preços através do novo cabo do Canal Inglês que ligava Londres a Paris. No início do século XX, foi uma das primeiras empresas a usar o rádio e os teletipos para transmitir notícias, e, em 1964, começou a usar computadores para acelerar as comunicações de informações financeiras.

Talvez o maior triunfo tecnológico da Reuters tenha ocorrido no início da década de 1970. Na época, os países estavam começando a abandonar o sistema monetário de taxas de câmbio fixas que esteve em uso desde a conferência de Bretton Woods, em 1944. A Reuters percebeu que assim que as taxas começassem a flutuar livremente, um vibrante mercado de câmbio surgiria no exterior e exigiria um sistema de comunicações extremamente rápido sobre preços e comércio. Os telefones e os telex tradicionalmente usados pelos comerciantes não seriam capazes de processar a imensa quantidade de informações na velocidade necessária.

A Reuters entrou na brecha competitiva com seu serviço inovador do Reuter Monitor Money Rates [Monitor Reuter de Taxas Cambiais]. A empresa instalou terminais especializados em bancos, escritórios corporativos e outras casas comerciais, criando um mercado eletrônico sob seu controle. A rede proprietária tornou-se o mecanismo de comércio dominante dos sistemas monetários, proporcionando à Reuters uma nova e imensa fonte de receitas e lucros. Esse serviço também serviu como a plataforma de lançamento de muitos serviços novos de informações, desde a cotação de ações às manchetes de notícias, oferecendo, durante duas décadas, uma crescente fonte de receitas e lucros rápidos. Durante a década de 1980, os lucros da Reuters antes dos impostos dispararam de 3,9 milhões de libras para 283,1 milhões.[21]

O ciclo da reprodução tecnológica

Alguns comentaristas sustentam que a TI, em si, nunca foi uma base de vantagem competitiva — argumentando que a vantagem deriva não da tecnologia, mas unicamente de "como ela é usada". No entanto, embora essa afirmação possa se referir a quaisquer ativos da empresa — uma vez que se a empresa não souber como usar bem seus ativos, é pouco provável que obtenha alguma vantagem —, ela pode ser enganadora. Como revelam as histórias da J. Lyons, da American Airlines, da American Hospital Supply e da Reuters, a existência de um sistema de informações com características próprias pode oferecer, como de fato ofereceu, a base para vantagens muito fortes e duráveis durante a expansão da infraestrutura da TI. Os sistemas constituíram obstáculos intimidadores aos concorrentes. Ainda assim, as histórias também revelam por que as vantagens com base na TI tornaram-se cada vez mais difíceis de se obter e manter na medida em que a infraestrutura amadurece.

Ser o primeiro a usar uma tecnologia da informação é muito caro. A American Airlines precisou fazer um investimento exorbitante, tanto em matéria de tempo como em dinheiro, para criar o Sabre. As empresas aéreas que seguiram na sua esteira gastaram menos e obtiveram mais. No mínimo, os seguidores foram capazes de aprender com a experiência da American, evitando muitos dos custos do processo de tentativas e erros pelos quais a empresa pioneira teve de passar. Além disso, em vez de desenvolver seu próprio sistema a partir do zero, como precisou fazer a American, os seguidores foram capazes de inspirar-se nas tecnologias padronizadas desenvolvidas e vendidas pelo fornecedor — a IBM — que tinha ajudado a American a criar seu sistema. Finalmente, o ritmo extraordinariamente rápido dos avanços da TI assegurou que as empresas que vieram depois também fossem capazes de se equiparar ou ultrapassar o desempenho do pioneiro por um preço muito inferior.

Somente por conta do tempo que os seguidores precisaram investir para lançar seus próprios sistemas foi que o investimento pioneiro da American se pagou. Se fossem capazes de copiar mais cedo os recursos do Sabre, a um custo mais baixo, as empresas concorrentes teriam rapidamente corroído a liderança da American, e é quase certo que a American não teria conseguido recuperar seu enorme investimento. Conforme demonstra o caso Sabre, não é o bastante simplesmente obter vantagem tecnológica. Todos os usos característicos da tecnologia acabam por ser copiados. O verdadeiro desafio é ser capaz de manter a vantagem por tempo suficiente para obter retorno concreto sobre o investimento ou, se possível, impulsionar a vantagem tecnológica em vantagens mais duráveis — escala superior ou uma marca mais conhecida.

Se uma empresa for incapaz de sustentar uma vantagem por um período substancial, sua estratégia ao ser a primeira pode voltar-se contra ela mesma. Os concorrentes não vão apenas acompanhar; vão procurar ultrapassar a empresa pioneira, lançando sistemas mais eficazes. Como descobriu finalmente a American Hospital Supply, um sistema de informações pode ser muito difícil de substituir depois de ter sido introduzido em uma empresa. A empresa pioneira cujo sistema é ultrapassado rapidamente pelos sistemas da concorrência pode, em consequência disso, descobrir que seu investimento superior não só deixou de oferecer uma vantagem como também a sobrecarrega com uma tecnologia ultrapassada — um peso no pescoço — que a coloca em uma desvantagem ainda mais crescente.

O tempo que leva para a concorrência copiar uma nova tecnologia — o que pode ser chamado de *ciclo da reprodução tecnológica* — é a variável decisiva na aferição da eficácia estratégica de um investimento em TI. E a história da TI revela uma verdade ainda mais abrangente: o ciclo da reprodução tecnológica torna-se cada vez mais curto. À medida que o desempenho dos equipamentos e dos programas melhora, que seus custos caem e que o conhecimento sobre eles se espalha, a concorrência torna-se capaz de equiparar os recursos e o desempenho de novos sistemas a um ritmo cada vez mais rápido. Isso significa, por sua vez, que a probabilidade de um investimento inicial em uma nova tecnologia verdadeiramente se pagar — às vezes em longo prazo, considerando o risco envolvido — reduz-se cada vez mais à medida que o tempo passa. Atualmente, a maioria das vantagens competitivas baseadas na TI simplesmente desaparece rápido demais para ser significativa.

A rápida deflação dos preços é uma característica que se destaca entre todas as tecnologias de infraestrutura, mas no caso da computação, essa deflação tem sido especialmente drástica. Quando Gordon Moore enunciou sua presciente afirmação de que a densidade dos circuitos em um chip de computador dobraria a cada dois anos, ele estava fazendo uma previsão sobre a explosão na potência de processamento em um futuro próximo. No entanto, ele também estava fazendo uma previsão sobre a queda livre nos preços da funcionalidade dos computadores em um futuro não muito distante. O custo da potência de computação caiu implacavelmente de 480 dólares por milhão de instruções por segundo (MIPS), em 1978, para 50 dólares por MIPS, em 1985, e para 4 dólares por MIPS, em 1995 — uma tendência que permanece imbatível.[22] Um megabyte de armazenamento em disco custava 10 mil dólares em 1956; com esse dinheiro, atualmente, pode-se comprar 20 computadores de mesa Dell, cada um deles com um disco rígido com capacidade para 40 gibabytes.[23] Declínios semelhantes ocorreram no custo da transmissão de dados. Acima de tudo, de acordo com um estudo de pesquisadores do MIT [Massachusetts Institute of Technology] e da Wharton, o custo do processamento de dados das empresas caiu mais de 99,9% desde a década de 1960.[24] A acessibilidade cada vez mais rápida às funcionalidades da TI não só democratizou a revolução da computação, como também destruiu um dos obstáculos mais importantes à reprodução. Até mesmo os recursos mais avançados da TI rapidamente tornam-se disponíveis para todos.

Outro importante obstáculo antigo à reprodução era a rede proprietária. Se uma empresa fosse capaz de ser a primeira a estabelecer ligações proprietárias com seus consumidores ou fornecedores, as empresas rivais teriam uma extrema dificuldade para romper essas ligações. Normalmente, era muito caro para os parceiros abandonar uma rede existente para instalar e aprender a usar outra. A American Airlines, a AHS e a Reuters beneficiaram-se ao vincular, respectivamente, agentes de viagens, compradores hospitalares e agentes de câmbio às redes privadas. O surgimento das redes abertas, especialmente a internet, entretanto, reduziu a eficácia das redes proprietárias. O baixo custo e a alta flexibilidade de uma rede aberta a torna um substituto atraente para quase todas as conexões rígidas, e a maioria das empresas não perdeu tempo em passar suas transações on-line para a internet. Onde as conexões proprietárias permanecem, como nas redes de intercâmbio de dados eletrônicos informatizados duráveis (IDE), raramente são mantidas porque oferecem ainda alguma vantagem para a empresa. Isso acontece simplesmente porque os custos e riscos de mudar para a internet ainda não diminuíram a tal ponto que justifiquem o rompimento do vínculo.[25]

O trabalho em rede promove a reprodução também de outra maneira importante. Uma vez que os recursos da TI tendem a ser mais valiosos quando compartilhados do que quando usados isoladamente, a concorrência às vezes trabalha em conjunto para desenvolver e promover o uso de um novo sistema atraente. Eles replicam a tecnologia intencionalmente, sacrificando a possibilidade de uma diferenciação competitiva no sentido de aumentar a produtividade global. Foi o que aconteceu com o código de barras. Os varejistas de secos e molhados, percebendo que um sistema universal de escaneamento de código de barras poderia reduzir radicalmente seus custos, criaram um consórcio no setor, no início da década de 1970, para escolher um formato de codificação comum e estabelecer padrões técnicos. Quando o consórcio escolheu como padrão o Código Universal de Produtos (ou "código UPC", de *universal product code*), desenvolvido pela IBM, as grandes cadeias de secos e molhados rapidamente abandonaram os diversos métodos personalizados de cobrança no caixa que tinham desenvolvido e adotaram o UPC.

O desdobramento de uma inovação mais recente da TI — o serviço bancário pela internet — oferece um exemplo particularmente impressionante de como a aceleração do ciclo da reprodução tecnológica atua contra os pioneiros. Em 1995 e 1996, vários bancos se apressaram a criar sistemas proprietários de serviço bancário on-line para os clientes, esperando que o novo canal os distinguisse da concorrência (ao mesmo tempo em que se defendiam de iniciativas pela internet). Como visto mais tarde, porém, os clientes demoraram a adotar o serviço bancário on-line — que se mostrou menos atraente para eles do que os bancos esperavam. Na época em que uma massa crítica de clientes começou a usar o novo canal, o serviço bancário pela internet já se tornara um serviço comum, e normalmente gratuito, oferecido pela maioria dos bancos. E uma vez que o custo de iniciar um serviço bancário on-line tinha caído rápida e significativamente, quando os fornecedores passaram a oferecer pacotes de sistemas genéricos, os que entraram depois foram capazes de se equiparar aos recursos oferecidos pelos pioneiros por um custo muito menor. Os pioneiros não só deixaram de obter uma vantagem; eles desperdiçaram muito dinheiro.

A homogeneização dos processos

Ainda como outro eco das tecnologias de infraestrutura iniciais, a expansão da infraestrutura de TI não só padronizou a tecnologia, mas também muitos aspectos de seu uso. Uma centena de anos atrás, os fornecedores de máquinas-ferramenta incorporaram sofisticados processos de fabricação em seus projetos, permitindo que aqueles processos fossem usados igualmente por todas as empresas. Do mesmo modo, os criadores de programas de computação atualmente incluem constantemente as técnicas comerciais mais avançadas em seus programas. Na verdade, seria o caso de se afirmar que, ao mesmo tempo em que os sistemas comerciais tornaram-se mais sofisticados, os fornecedores competem menos quanto à tecnologia dos produtos que oferecem do que quanto à sua capacidade de permanecer na vanguarda das melhores técnicas do setor.

Isso se aplica especialmente com sistemas empresariais. Ao contrário dos primeiros pacotes de programas que tendiam a automatizar uma atividade específica como a digitação ou a emissão de uma fatura, os programas empresariais automatizam todo um processo — geralmente um dos processos centrais de um negócio. Ao mesmo tempo, o programa impõe limitações ao processo; ele influencia, ou até mesmo determina, como o processo deve ser realizado. Quando uma empresa compra, por exemplo, um pacote de programas Seibel para a administração do relacionamento com o cliente, ela também está comprando o estilo Seibel de gerenciar os clientes. O programa e a prática tornam-se indistinguíveis.

O estudioso de TI Thomas Davenport explicou bem esse fenômeno em um artigo de 1998 na *Harvard Business Review* sobre os sistemas de ERP: "Ao desenvolver os sistemas de informações, no passado, as empresas primeiro decidiam como queriam conduzir os negócios e depois escolhiam um pacote de programas que estivesse de acordo com seus processos personalizados. Geralmente, elas reescreviam grande parte dos códigos do programa para assegurar que ele se encaixaria nos seus propósitos. Com os sistemas empresariais, porém, a sequência se inverte. A empresa geralmente deve ser modificada para se encaixar no sistema".[26] A boa notícia é que o processo genérico geralmente reflete o que há de mais avançado em termos de projeto de processos — reproduzir os melhores processos é fundamental para o sucesso do fornecedor. A má notícia é que trata-se de um processo genérico; uma vez que padroniza o uso de uma tecnologia, deixa pouco espaço para uma empresa se distinguir. É revelador, se não surpreendente, que no final da década de 1990 os sistemas empresariais viessem a ser chamados de "empresas em uma caixa".[27]

Por que as empresas fazem esse tipo de escolha? Normalmente é pela mesma razão pela qual elas compram quaisquer mercadorias ou serviços de fornecedores externos: porque as economias de custo de um recurso padronizado adquirido pesa mais do que as vantagens da diferenciação de um recurso personalizado criado internamente. O autor de *Inbound logistics* [Logística interna] expôs essa lógica ao explicar por que cada vez mais empresas compram programas genéricos sobre logística: "Embora a maioria das empresas antigamente pensassem que seus processos empresariais eram exclusivos demais para usar programas configuráveis (em oposição a programas personalizados), os gerentes de transportes perceberam rapidamente que o nivelamento pelas melhores técnicas do setor é muito mais importante do que o benefício de perpetuar um processo exclusivo".[28] Isso, é claro, é um exagero grosseiro; as empresas inteligentes sabem que os processos peculiares são a chave da vantagem competitiva. No entanto, quando se trata de aplicativos complexos, a economia da compra de uma versão pronta tornou-se tão atraente que poucas empresas podem justificar o custo e o risco de desenvolver um novo sistema a partir do zero.

A imensa infraestrutura para o intercâmbio de experiências, ideias e melhores técnicas que se desenvolveu ao redor do negócio da TI ajuda a acelerar ainda mais a homogeneização dos sistemas computacionais e o seu uso. Por intermédio de inúmeras revistas, artigos, conferências, projetos de consultoria e estudos acadêmicos, o conhecimento em torno da TI é reunido rapidamente, codificado e disseminado pela comunidade empresarial. Como explicaram os pesquisadores de TI Erik Brynjolfsson e Lorin Hitt, as inovações na computação "geralmente não estão sujeitas a nenhuma forma de proteção da propriedade intelectual e são ampla e generalizadamente copiadas, em geral com a ajuda de empresas de consultoria, serviços de análise do setor e professores de faculdades de administração. [...] A mobilidade no trabalho também dissemina os benefícios relacionados à computação, à medida que profissionais de TI mudam de uma empresa para outra. [...] Em consequência disso, os ganhos para a economia poderiam plausivelmente ser muito maiores do que os ganhos privados para o inovador original".[29]

A tendência para terceirizar sistemas estratégicos de TI, e até mesmo os processos para fazê-los funcionar, acabará por acelerar a tendência à homogeneização. À medida que as empresas procuram fornecedores de terceirização de processos empresariais (BPO, de *business process outsourcing*) para executar muitos processos intensivos de TI, da elaboração de orçamentos à logística e do treinamento ao atendimento aos clientes, elas irão neutralizar esses processos como fontes poteciais de vantagens. Os processos em si começarão a tornar-se parte da infraestrutura compartilhada.

O surgimento de modelos dominantes

Existe ainda, porém, uma fonte mais potencial de vantagem baseada na TI: ter percepção privilegiada sobre como a TI poderia transformar ou fazer surgir setores inteiros. Nesse caso, novamente, existe uma visão um tanto romântica adotada por muitos no setor da TI. Ela se resume mais ou menos ao seguinte: "Estamos apenas no início da Era Digital. À medida que continuam sendo dados grandes saltos tecnológicos — em termos de redes sem fio, processadores moleculares, computação ecológica e assim por diante — as pessoas mudarão sua maneira de viver, comprar e interagir, e grandes ondas de transformação irão varrer o mundo empresarial, criando imensos setores novos e mudando os antigos de formas irreconhecíveis — de uma maneira que ninguém ainda previu".

Pode ser que isso aconteça; é notoriamente difícil prever o futuro. Mas um argumento forte também poderia ser apresentado, como o de que o poder da computação em criar transformações industriais verdadeiras está amplamente gasto. Sim, continuaremos a testemunhar ocasionais inovações do tipo eBay — isso sempre acontece —, e alguns setores, como o negócio da música, permanecem em fluxo real como um resultado da presença generalizada da TI. Mas a história mostra que o poder transformador de uma tecnologia de infraestrutura se dissipa quando sua expansão chega ao fim. Uma tecnologia pode precipitar um período revolucionário quando aparece pela primeira vez, e os mercados livres são muito bons para motivar os empreendedores, administradores e investidores a perceber e explorar muito rapidamente as grandes oportunidades do novo negócio. Não demora muito para que os estudiosos da administração façam surgir o "modelo dominante" — a maneira ideal de conduzir os negócios incorporando a nova tecnologia — em um setor e para que todas as empresas o adotem.

Embora seja difícil afirmar precisamente quando a expansão de uma tecnologia de infraestrutura chegou à sua conclusão, existem, conforme veremos, muitos sinais de que a expansão da TI está muito mais próxima do fim do que do começo. Primeiro, o poder da TI é superior à maioria das necessidades das empresas a que ela satisfaz. Segundo, e relacionado à anterior, o preço da funcionalidade essencial da TI caiu ao ponto de ser mais ou menos acessível a todos. Terceiro, a capacidade da rede de distribuição universal (a internet) atende à demanda — na realidade, já temos um volume consideravelmente maior de fibras óticas do que precisamos. Quarto, os principais fornecedores de TI, da Microsoft à IBM e da Hewlett-Packard à Sun, apressam-se em se posicionar como fornecedores de serviços de infraestrutura "de acordo com a demanda" — como utilidades, em outras palavras.

Finalmente, e talvez mais eloquentemente, uma enorme bolha de investimentos expande-se e explode, o que historicamente é uma indicação de que uma tecnologia de infraestrutura está chegando ao fim da sua expansão. Em seu fecundo livro *Technological revolutions and financial capital* [As revoluções tecnológicas e o capital financeiro], Carlota Perez divide o período de adoção de uma nova tecnologia amplamente usada em duas fases. Primeiro vem o "período de instalação", em que a tecnologia "avança como um trator rompendo o sistema estabelecido e articulando novas redes industriais, instituindo novas infraestruturas e disseminando maneiras novas e melhores de fazer as coisas". Depois, vem o "período do desdobramento", em que o foco da inovação e adaptação muda da tecnologia propriamente dita para a moldura institucional circundante, e os mercados de capitais e regimes reguladores são reformulados para se adequar à nova infraestrutura. Entre essas duas fases existe um "momento decisivo", que normalmente toma a forma de uma recessão econômica seguindo um período de "investimentos frenéticos nos novos setores e na infraestrutura, estimulados por um grande crescimento repentino do mercado de ações que normalmente torna-se uma bolha".[30] O colapso da bolha sinaliza que "uma nova infraestrutura está montada" e que "a nova maneira de fazer as coisas com as novas tecnologias tornou-se o 'senso comum'".[31] Nessa altura, se instala o caos competitivo, e está montado o cenário para que todas as empresas compartilhem os benefícios da nova infraestrutura.[32]

A quebra da Nasdaq e a recessão subsequente assinalam esse momento decisivo na computação das empresas. Adaptar-se à nova infraestrutura de TI irá propor muitos desafios às empresas privadas e às instituições públicas por muitos anos à frente, mas, por trás disso, a influência das tecnologias sobre a competição continuará a desaparecer aos poucos. O sucesso, no futuro, será menos uma questão de usar a tecnologia da informação de maneira criativa do que simplesmente utilizá-la bem.

Notas

1. Lorin M. Hitt e Erik Brynjolfsson. "Productivity, business profitability, and consumer surplus: three *different* measures of information technology value". *MIS Quarterly* 20, n. 2, jun. 1996, p. 121-142.

2. Erik Brynjolfsson e Lorin Hitt. "Paradox lost? firm-level evidence on the returns to information systems spending". *Management Science* 42, n. 4, abr. 1996, p. 541-558.

3. Hitt e Brynjolfsson. "Productivity, business profitability, and consumer surplus", p. 131.

4. Ibid., p. 134-135.

5. Ibid., p. 139.

6. Baba Prasad e Patrick T Harker. "Examining the contribution of information technology toward productivity and profitability in U.S. retail banking", relatório do centro de instituições financeiras Wharton 97-09, mar. 1997, p. 18.

7. Brynjolfsson, é importante notar, acredita que as inovações na TI continuam a oferecer às empresas um potencial para a vantagem competitiva, embora observe que qualquer vantagem tenda a vir não da tecnologia em si, mas das mudanças organizacionais, de pessoal e de processos feitas logo após a implantação da tecnologia. Veja Erik Brynjolfsson. "The IT productivity gap". *Optimize,* jul. 2003. Disponível em: <http://www.opdmizemag.com/printer/021/pr_roi.html>. Acesso em: 8 set. 2003.

8. J. Bradford Delong. "Macroeconomic Implications of the 'New Economy'", mai. 2000. Disponível em: <http://www.j-bradford-delong.net/OpEd/virtual/ne-macro.html>. Acesso em: 13 jan. 2003.

9. Martin Campbell-Kelly. *From airline reservations to sonic the hedgehog: a history of the software industry.* Cambridge: MIT Press, 2003, p. 14-15.

10. Robert H'obbes' Zakon. "Hobbes' internet timeline v. 6.1", 2003. Disponível em: <http://www.zakon.org/robert/internet/timeline> Acesso em: 23 jan. 2003.

11. Olga Kharif. "The fiber-optic 'glut' — in a new light". *BusinessWeek Online,* 31 ago. 2001. Disponível em: <http://www.businessweek.com/bwdaily/dnflash/aug2001/nf20010831_396.htm>. Acesso em: 18 dez. 2002.

12. Brian Hayes. "The first fifty years", *CIO Insight,* 1º nov. 2001. Disponível em: <http://www.cioinsight.com/article2/0,3959,49331,00.asp>. Acesso em: 12 jun. 2003.

13. Campbell-Kelly. *A history of the software industry,* p. 30.

14. Martin Campbell-Kelly e William Aspray. *Computer: a history of the information machine.* Nova York: BasicBooks, 1996, p. 169.

15. Leslie Goff "Sabre takes off". *Computerworld,* 22 mar. 1999. Disponível em: <http://www.computerworld.com/news/1999/story/0,11280,34992,00.html>. Acesso em: 27 jun. 2003.

16. Campbell-Kelly. *A history of the software industry,* p. 45.

17. Thomas Petzinger Jr. *Hard landing: the epic contest for power and profitsthat plunged the airlines into chaos.* Nova York: Times Books, 1995, p. 55.

18. Veja "American hospital supply corporation: the ASAP system (A)", Harvard Business School Case, n. 9-186-005, 1988.

19. Ibid., p. 1.

20. Charles Marshall, Berm Konsynski e John Sviokla. "Baxter International: oncall as soon as possible?", Harvard Business School Case, n. 9-195-103, 1994 (revisto em 29 mar. 1996), p. 7.

21. Para mais informações sobre a Reuters, veja Donald Read. *The power of news: the history of Reuters, 1849-1989.* Oxford: Oxford University Press, 1992.

22. Progressive Policy Institute. "Computer costs are plummeting". *The New Economy Index,* nov. 1998. Disponível em: <http://www.neweconomyindex.org/section1-page12.html>. Acesso em: 12 jan. 2003.

23. Steve Lohr. *Go to*. Nova York: Basic Books, 2001, p. 162.

24. Erik Brynjolfsson e Lorin M. Hitt. "Beyond computation: information technology, organizational transformation and business performance", *Journal of Economic Perspectives,* 14. n. 4, 2000, p. 26.

25. Preocupações com a segurança também podem impedir uma empresa de usar a internet para realizar transações delicadas.

26. Thomas H. Davenport. "Putting the enterprise into the enterprise system". *Harvard Business Review,* jul./ago. 1998, p. 121-131.

27. Veja, por exemplo, Philip J. Gill, "ERP: keep it simple". *Information Week,* 9 ago. 1999. Disponível em: <http://www.informationweek.com/747/47aderp.htm>. Acesso em: 12 jul. 2003.

28. Kevin Lynch. "Network software: finding the perfect fit". *Inbound Logistics,* nov. 2002. Disponível em: <http://www.inboundlogistics.com/articles/itmatters/itmatters1102.shtml>. Acesso em: 8 jul. 2003.

29. Erik Brynjolfsson e Lorin M. Hitt. "Computing productivity: firm-level evidence". Relatório MIT Sloan 4210-01, jun. 2003, p. 26.

30. Carlota Perez. *Technological revolutions and financial capital: the dynamics of bubbles and golden ages*. Cheltenham: Edward Elgar, 2002, p. 6.

31. Ibid., p. 4.

32. Ibid., p. 134-135.

CAPÍTULO 5

O solvente universal da estratégia

O efeito corrosivo da TI sobre as vantagens tradicionais

Embora as tecnologias de infraestrutura percam muito de sua capacidade de oferecer vantagens competitivas quando amadurecem, elas não perdem a capacidade de destruí-las. O sistema ferroviário, por exemplo, neutralizou muitas das vantagens mantidas pelas empresas situadas próximas a portos, zonas de mineração e centros populacionais. O telégrafo reduziu o valor dos antigos relacionamentos comerciais internacionais cultivados por meio da correspondência escrita e de mensageiros de confiança. A implantação da malha elétrica transformou anteriores processos de fabricação obsoletos, assim como as vantagens deles advindas — possuir o mais aperfeiçoado sistema de transmissão por eixo e polia para distribuir a energia a vapor de repente não significava nada. O surgimento do setor de máquinas-ferramenta apagou as distinções entre as habilidades dos artífices, capacitando todos os trabalhadores da fábrica com recursos semelhantes.

O redator da *Mechanics Weekly* captou esse fenômeno intuitivamente quando observou as locomotivas a vapor acelerarem nos trilhos de Rainhill, em 1829. "As vantagens peculiares locais terão menor importância do que tiveram antes na nossa história fabril e comercial", previu ele, "uma vez que o que for produzido em um lugar poderá [ser] transportado com rapidez e a baixo custo para outro." Um século e meio depois, o pesquisador acadêmico na área de estratégia Michael Porter reconheceu como uma verdade comercial geral, ao escrever seu livro seminal *Competitive advantage* [Vantagem competitiva], de 1985, que "a mudança tecnológica é [...] um grande equalizador, corroendo a vantagem competitiva até de empresas bem enraizadas, e impulsionando outras para a linha de frente".[1]

Esse efeito neutralizador promete ser particularmente forte no caso da tecnologia da informação. Uma vez que a TI é tão flexível em sua aplicação e tão profundamente entrelaçada com os processos empresariais — especialmente os processos informacionais que suplantaram os processos físicos no centro das economias modernas —, ela é capaz de corroer as vantagens não só em uma ou algumas áreas, mas em muitos aspectos dos negócios de uma empresa. Toda vantagem tradicional em manter determinada atividade ou determinado processo, desde o estabelecimento de um ajuste à criação de todo um conjunto de componentes para oferecer um serviço melhor ao consumidor, tende a se dissipar quando essa atividade ou esse processo são automatizados. Na medida em que as empresas adotam sistemas semelhantes, os melhores procedimentos são convertidos em práticas universais e os desempenhos convergem.

No final da década de 1990, um aluno de doutorado da Faculdade de Administração de Harvard, Mark Cotteleer, documentou esse fenômeno, em microcosmo, em um estudo sobre a adoção de um sistema de planejamento de recursos (ERP) por parte de uma grande empresa industrial.[2] A empresa desenvolveu um único pacote de ERP ao longo de todas as suas operações ao redor do mundo, substituindo diversos sistemas que haviam sido usados por unidades na América do Norte, na Europa e na Ásia. Cotteleer analisou as variações no desempenho das unidades em relação a uma medida operacional decisiva — a velocidade com que eram atendidos os pedidos dos clientes —, tanto antes quanto depois da instalação do sistema. Ele analisou mais de cem mil registros de pedidos ao longo de um período de três anos, desde doze meses antes do ERP estar on-line até 24 meses depois.

Antes que o novo sistema começasse a funcionar, as variações nos tempos de atendimento dos pedidos entre as três regiões eram pronunciadas, e a Europa e a Ásia mantinham uma grande vantagem sobre a América do Norte. Quatro meses antes do funcionamento do sistema, por exemplo, a América do Norte levava 51 dias para atender um pedido, ao passo que a Europa levava somente 35 dias e a Ásia apenas 36. A instalação de um sistema de ERP comum eliminou imediatamente essas diferenças, colocando as três regiões em igualdade competitiva. Um mês depois da instalação, os tempos médios de atendimento para América do Norte, Europa e Ásia eram, respectivamente, de 29, 27 e 28 dias. Um ano depois da instalação, os tempos eram ainda muito próximos, de 35, 33 e 37 dias. Embora as variações em desempenho aumentassem durante o segundo ano, uma vez que as desigualdades de gestão e outras diferenças locais começaram a influenciar as operações das unidades, os tempos para realização do atendimento permaneceram mais homogeneizados do que eram antes da adoção do sistema. Mais impressionante ainda, porém, foi o fato de que, dois anos depois de o sistema ter entrado em operação, a América do Norte tornou-se a líder no prazo para atendimento. A vantagem inicial da Europa e da Ásia fora eliminada, aparentemente para sempre.

Não é difícil perceber como uma semelhante convergência de desempenho e corrosão da vantagem acontecem entre empresas diferentes que adotam os mesmos sistemas de informações ou outros parecidos, em especial os sistemas que visam a automatização de atividades com predominância de transações. O programa de computação que automatiza a função de atendimento ao cliente, distribuindo questionários e informações a telefonistas treinados, tende, por exemplo, a apagar as diferenças nos tempos de resposta e outros aspectos de desempenho à medida que se torna amplamente adotado por todo o setor. O efeito homogeneizante da infraestrutura de TI se intensifica à medida que as empresas continuam a contratar terceiros para operar os sistemas estratégicos ou até mesmo os processos inteiros — por exemplo, quando os concorrentes fecham seus centros de atendimento ao consumidor e transferem a função para empresas terceirizadas, digamos, na Índia.

Por oferecer às empresas uma plataforma compartilhada de comunicação e distribuição, a internet ampliou, de maneira considerável, o efeito homogeneizante da TI. Não só a internet elimina as vantagens inerentes de redes proprietárias fechadas, como também tem transferido o poder das empresas para os consumidores, nivelando, em seguida, o campo onde se processa a competição. Em seu livro *A estrada do futuro*, publicado originalmente em 1996 como *The road ahead*, Bill Gates classificou a internet como a base de "um capitalismo sem atritos", uma nova infraestrutura comercial que conduziria os mercados para ainda mais perto do ideal de Adam Smith da competição perfeita. A internet, escreveu ele, tornar-se-ia o "supremo intermediário, o mediador universal", que permitiria aos consumidores comparar facilmente preços, características e a qualidade de produtos alternativos, promovendo assim uma competição mais intensa entre os possíveis fornecedores. O resultado seria uma utopia dos consumidores: "Todos os produtos do mundo estarão disponíveis para avaliação, comparação e, muitas vezes, personalização. [...] Será o paraíso das compras".[3] O que Gates deixou de observar é que o paraíso das compras é o inferno para o executivo comercial. Quando se trata de mercados, o atrito nada mais é do que um outro nome para o lucro.

Michael Porter apresentou o lado sombrio do capitalismo livre de atritos em seu controvertido artigo de 2001, "Strategy and the internet" [A estratégia e a internet]. Pesquisando as mudanças comerciais provocadas pela internet e seu impacto sobre a vantagem competitiva e a lucratividade, ele concluiu que:

> a maioria das tendências é negativa. A tecnologia da internet oferece aos compradores um acesso facilitado às informações sobre produtos e fornecedores, favorecendo o poder de barganha do comprador. A internet diminui a necessidade de coisas como uma equipe de vendas em ação ou o acesso a canais existentes, reduzindo os obstáculos à entrada. Por permitir novos conceitos quanto às necessidades de contato e desempenho de funções, ela cria novos substitutos [para os produtos e processos existentes]. Por se tratar de um sistema aberto, as empresas têm maior dificuldade em manter ofertas próprias, o que intensifica a rivalidade entre os concorrentes. O uso da internet também tende a expandir o mercado geográfico, trazendo muito mais empresas para concorrer umas com as outras. [...] O grande paradoxo da internet é que seus próprios benefícios — tornar as informações amplamente disponíveis; reduzir a dificuldade de compra, comercialização e distribuição; permitir que os compradores e vendedores se encontrem e transacionem mutuamente com mais facilidade — também torna mais difícil para as empresas captar esses benefícios como lucros.[4]

Ao eliminar muitas vantagens operacionais tradicionais e tornar os processos e preços das empresas mais transparentes aos consumidores, a TI ameaça tornar-se um tipo de solvente universal da estratégia comercial, acelerando as forças naturais que, com o tempo, empurram as empresas para a igualdade competitiva. Ao avaliar as implicações da infraestrutura da TI, portanto, os executivos precisam olhar muito além dos horizontes estreitos da administração da TI — focando na essência de como pensam estratégia de negócios.

Vantagem sustentável e vantagem alavancável

Algumas pessoas da área empresarial e comercial, observando a mutabilidade das condições comerciais atuais e a velocidade da reprodução competitiva, saltaram direto para a conclusão de que a ideia da estratégia está se tornando obsoleta, que, pelo fato de as vantagens a longo prazo serem mais difíceis de alcançar, as empresas não deveriam se incomodar em considerá-las. Como o CIO de uma importante instituição financeira britânica observou recentemente, e com muito bom humor, "a estratégia não é um termo muito estratégico no momento".[5] O sucesso comercial, sob essa perspectiva, gira inteiramente em torno da flexibilidade e da agilidade da empresa — da sua capacidade de se superar e se destacar dos concorrentes. Os gerentes não precisam pensar no futuro; precisam simplesmente agir. Essa crença, porém, só é verdadeira porque as pessoas acreditam nela e agem de acordo, por isso ela se realiza, e, no final, causa mais problemas e dificuldades em vez de resolvê-los. Não é porque ficou mais difícil manter a vantagem competitiva que isso diminui sua importância; ao contrário, isso aumenta sua importância. Na medida em que os compradores tornam-se mais poderosos e os processos e sistemas comerciais mais homogêneos, apenas as empresas estrategicamente astutas serão capazes de se destacar do "salve-se quem puder" da competição.

Os dois modelos atuais de sucesso comercial a longo prazo — a Dell e o Walmart, por exemplo — salientam a importância da estratégia inteligente. Essas duas empresas têm sido usuárias dedicadas da TI, e isso levou alguns observadores a concluir que a tecnologia é a fonte de sua vantagem competitiva. Mas uma observação mais de perto revela que nenhuma das duas baseia sua vantagem na tecnologia em si. Em vez disso, por meio de um tratamento disciplinado, de maneira extraordinária, do planejamento comercial, as duas se posicionaram cuidadosamente para se apoderar da parte do leão dos lucros no seu setor.

A vantagem estratégica do Walmart remonta desde sua fundação, no início da década de 1960, quando Sam Walton deu um tratamento diferenciado tanto à localização das suas lojas quanto ao estilo de comercialização. Enquanto os outros varejistas de descontos localizavam suas lojas nas cidades, Walton montou as suas nas áreas rurais. Uma vez que os locais que ele escolheu não permitiam a presença de mais de uma grande loja, ele efetivamente manteve a concorrência afastada, mantendo os mercados para si. E em vez de vender produtos genéricos baratos, como outras lojas de descontos, ele encheu suas prateleiras de mercadorias de marca, as quais vendia a preços baixos, uma combinação que afastou os compradores das ruas comerciais da cidade e tornou desnecessárias as viagens dos clientes às lojas de cidade grande.

Para manter sua estratégia diferenciada, o Walmart tem sido incansável em buscar a eficiência em todas as partes em suas operações. A avareza da empresa é lendária, assim como sua impiedade ao barganhar com os fornecedores. Mas ela não se intimida quando se trata de gastar dinheiro em sistemas de informações para apoiar sua estratégia de preços baixos. Na década de 1980, quando a expansão da TI ainda estava bem no início, o Walmart montou sistemas de logística que lhe permitiram reabastecer mais eficientemente as prateleiras das lojas e reduzir radicalmente os estoques. A empresa também foi líder em criar conexões eletrônicas com grandes fornecedores, capacitando seus vendedores a embalar e despachar as entregas para cada uma das lojas. Outros varejistas muitas vezes foram capazes de imitar os sistemas do Walmart — a tecnologia por trás de tudo, como observou o economista Robert Solow, "não era especialmente a das fronteiras tecnológicas"[6] —, mas como a vantagem do Walmart apoia-se em uma combinação complexa de processos e atividades fortemente integrada e, assim, difícil de copiar, os investimentos em TI dos concorrentes não serviram para nada. O Walmart continuou a crescer rapidamente, ao ponto em que sua maior vantagem atualmente tornou-se sua escala superior — uma das mais tradicionais e ainda assim mais eficazes de todas as vantagens competitivas.

A Dell também estabeleceu sua estratégia bem antes de montar seus sistemas de TI tão elogiados. Sua vantagem reside no enfoque diferenciado direto ao consumidor para vender computadores, no que foi pioneira no início da década de 1980. Detendo os atacadistas e varejistas que dominavam as vendas de computadores na época, a Dell mudou a economia do setor. Em vez de precisar preencher muitos canais de distribuição com produtos caros e escassos e em rápida depreciação, a empresa esperava para receber o pedido do comprador antes de montar o computador desejado. Uma vez que o método de montar conforme com os pedidos reduziu drasticamente a necessidade de estoques e capital de giro, ele era muito mais eficiente do que os métodos de montagem de acordo com o estoque dos outros fabricantes, permitindo que a Dell rapidamente se tornasse o fornecedor de baixo custo, uma posição invejável em um mercado de produtos que rapidamente se "mercadorizavam", ou seja, transformavam-se em mercadorias. A vantagem competitiva da Dell já estava consolidada quando ainda recebia os pedidos dos clientes por telefone, muito tempo antes de lançar sua loja na internet, hoje amplamente difundida.

De maneira muito parecida com o Walmart, a estratégia diferenciada da Dell traduzia-se em crescimento rápido, dotando a empresa com as economias de escala necessárias para manter e fortalecer sua posição de produtor de baixo custo. Os investimentos da Dell em TI, na atualidade, têm sido relativamente conservadores, e direcionados a reforçar a eficiência das suas operações, em especial suas conexões com os fornecedores e consumidores. É verdade que a TI tem reforçado a vantagem da Dell, mas de maneira nenhuma ela é a causa dessa vantagem. Conforme Joan Magretta aponta em seu livro *What management is* [O que é administração], "As ideias realmente poderosas de Michael Dell não foram tecnológicas. Elas foram ideias comerciais".[7] É por isso que outros fabricantes de computadores foram capazes de se equiparar aos sistemas da Dell, mas não aos seus resultados.

O sucesso duradouro do Walmart e da Dell demonstra que a ideia de a estratégia estar morta ou moribunda não é verdadeira. Sim, essas duas empresas são competentes na execução e no conhecimento prático em usar a TI, mas sua capacidade de deixar para trás sistematicamente os concorrentes no crescimento e na lucratividade pode ser atribuído à estabilidade das suas estratégias, não à sua agilidade tática. É sua teimosia em estabelecer e defender suas posições privilegiadas no setor que as destaca. Na verdade, um dos maiores passos em falso da Dell foi uma breve tentativa de vender suas máquinas por meio de varejistas, uma mudança na estratégia que teve efeito contrário, e logo foi abandonada. Longe de correr de lá para cá, de um modelo comercial para outro, o Walmart e a Dell exibem uma constância estratégica à moda antiga, uma determinação em resistir à mudança pela mudança. Essas empresas não caminham devagar, mas caminham com consciência e deliberação.

Essas duas empresas são exemplares, mas também são exceções. O simples fato é que nem toda empresa terá a oportunidade de alcançar uma posição tão consolidada e defensável quanto à delas. E mesmo aquelas que venham a ter, ainda precisarão enfrentar os efeitos corrosivos da infraestrutura da TI e a rapidez sempre crescente da imitação dos processos e da homogeneização. Ainda que a vantagem competitiva sustentável continue sendo a condição *sine qua non* de uma lucratividade apreciável, a capacidade de se adaptar e reagir será um componente cada vez mais importante do sucesso a longo prazo.

Atualmente, portanto, a estratégia requer uma definição mais ampla e diferenciada de vantagem competitiva, uma definição que abranja as *vantagens sustentáveis* tradicionais, mas que também inclua as *vantagens alavancáveis* mais transitórias. Uma vantagem alavancável pode ser definida como uma posição privilegiada no mercado que, por mais que flutue, oferece um ponto de apoio para outra posição privilegiada.[8] Ao contrário da vantagem sustentável, a vantagem alavancável é um ponto de parada no caminho, não o ponto de destino. No entanto, a exemplo de uma vantagem sustentável, uma vantagem alavancável é a manifestação de um pensamento estratégico profundo e disciplinado. É mais do que simplesmente uma reação aos acontecimentos momentâneos; é um movimento deliberado que considera o passado e prepara para o futuro.

Para avaliar o poder da vantagem alavancável, considere a história recente da Apple Computer. À beira da extinção alguns anos atrás, a Apple sobreviveu como uma empresa lucrativa no impiedoso negócio de computadores pessoais ao retornar às suas fontes originais de vantagem sustentável: gosto pelo design, forte integração entre máquina e programação, marca forte e significativa e dedicação exuberante à inovação do produto. Ao mesmo tempo, porém, a Apple também usou essas e outras vantagens como vantagens alavancáveis. A sua experiência com o design, sua destreza em combinar equipamento e programa e seu apelo aos formadores de opinião lhes conferiram um salto bem-sucedido dos PCs para os aparelhos de música. Hoje, o iPod da Apple compreende a maior parcela do mercado de tocadores de MP3, ao mesmo tempo em que também é vendido a um preço diferenciado — uma posição desejável para qualquer produto. Mas a Apple não parou aí. Sua posição privilegiada no mercado de aparelhos de MP3, somada a sua imagem de sofisticação e desenho inovador, proporcionou a alavancagem para a entrada no varejo musical por meio do lançamento, em 2003, de sua loja de música on-line, a iTunes Music Store. Embora a loja ainda não tenha dado muito lucro, deu um novo impulso às lucrativas vendas do iPod e reforçou a marca Apple. Passar da venda de computadores para a venda de músicas parece uma mudança estratégica improvável. Mas para a Apple fez sentido — teve a lógica da vantagem alavancável.[9]

A infraestrutura de TI compartilhada continuará a dissolver as vantagens operacionais, particularmente aquelas baseadas na execução superior de um processo ou atividade isolados, voltados para as transações. Mas vantagens de posicionamento mais complexas — derivadas de combinações amplas e fortemente integradas de processos, recursos e, sim, tecnologias — continuarão a resistir à imitação rápida. As empresas de sucesso trabalharão, portanto, para estabelecer e proteger posições estratégicas diferenciadas ainda que usem vantagens competitivas mais temporárias como um meio de alcançar novas vantagens. Elas serão, por assim dizer, flexivelmente inflexíveis.

Em defesa dos muros

Além de homogeneizar as práticas comerciais, a nova infraestrutura de TI também pode dissolver as vantagens existentes desfazendo os limites organizacionais tradicionais. Uma vez que as redes de computadores, e a internet em particular, tornam mais fácil para uma empresa coordenar o trabalho com outras empresas, têm levado-as a colaborar mais intensivamente, trocando informações sobre oferta e demanda, misturando seus processos e terceirizando cada vez mais suas atividades. Esses esforços podem aumentar a produtividade do setor — novamente eliminando os atritos das transações comerciais — mas também têm o potencial de prejudicar a diferenciação da empresa e, portanto, a longo prazo, sua lucratividade. Um dos maiores desafios estratégicos com que os gerentes vêm se deparando atualmente é descobrir como proteger as vantagens competitivas da empresa — muitas das quais são conquistadas, de uma maneira ou de outra, no controle proprietário ou no uso diferenciado das informações — enquanto, ao mesmo tempo, permitem que as informações fluam livremente para dentro e para fora da organização por meio da infraestrutura geral de TI.

Uma escola de especialistas empresariais — bastante atuante nos últimos anos — finge não notar esse desafio. Citando a possibilidade teórica de enormes ganhos em eficiência de uma colaboração sem limites, esses especialistas sustentam que deixar passar as informações é totalmente positivo. Na verdade, para eles as empresas deveriam derrubar os "muros" ao redor das suas organizações e fundir-se em grandes "redes empresariais" ou "redes comerciais" amorfas. Um dos proponentes mais exaltados desse conceito, o consultor de empresas canadense Don Tapscott, chegou ao ponto de anunciar a morte da empresa independente como a unidade fundamental do comércio. Em "Rethinking strategy in a networked world" [Repensando a estratégia em um mundo ligado por redes], um artigo escrito em resposta ao de Porter, "A estratégia e a internet", Tapscott sustenta que "no futuro, os estrategistas não vão mais considerar a corporação integrada como o ponto de partida para gerar lucro, designar funções e decidir o que administrar dentro ou fora dos limites da empresa. Ao contrário, os estrategistas irão partir de uma proposição de valor agregado por cliente e uma opinião em branco em relação à produção e ao sistema de entrega". Essa abordagem vai além das concepções atuais de terceirização, enfatiza Tapscott: "Não haverá nada para 'terceirizar' porque, do ponto de vista da estratégia, não haverá nada 'dentro' para começar".[10] Dois outros consultores, Larry Downes e Chunka Mui, expressam-se de maneira mais concisa em seu livro *Unleashing the killer app* [Soltando o aplicativo matador]: "Uma economia verdadeiramente sem atritos não precisa de empresas permanentes".[11]

A escola pós-empresa adotou o economista, premiado com o Nobel, Ronald Coase como seu sumo sacerdote. No seu excepcional ensaio de 1937, "The nature of the firm" [A natureza da empresa],

Coase explica que as empresas existem, antes de mais nada — por que, em outras palavras, faz sentido para algumas atividades comerciais serem coordenadas por gerentes dentro de uma organização hierárquica formal, em vez de serem coordenadas pela mão invisível do mercado. "A pergunta importante", como observa Coase, "parece ser por que a alocação de recursos [dentro de uma empresa] não é feita diretamente pelo mecanismo dos preços [de um mercado aberto]".[12]

A resposta de Coase é que o uso de um mercado acarreta diversos custos de transação sobre e acima do preço real de um produto ou serviço.[13] Se uma empresa decide usar um fornecedor externo para executar determinada atividade, precisa pesquisar e avaliar os fornecedores potenciais, definir os termos e preparar os contratos, colaborar na tomada de decisões e resolver os problemas; monitorar o desempenho do fornecedor, assumir o risco do fracasso do fornecedor e assim por diante. Mas se ela realizar a atividade por si própria, usando seus funcionários, muitas vezes poderá reduzir ou evitar esses custos de transação. A empresa, portanto, irá expandir sua organização para compreender todas as atividades que puder realizar de maneira mais barata do que o preço de mercado para executar essas atividades mais os custos de transações vinculados. De maneira mais geral, as empresas tendem a crescer à medida que os custos de transações aumentam, e a encolher quando eles diminuem.

Os integrantes da escola pós-empresa, vendo que a internet reduziu determinados custos de transação, em especial os relacionados à troca de informações, chegaram à conclusão de que as empresas iriam naturalmente reduzir. E então eles deram mais um salto lógico à frente: na medida em que os custos de comunicações continuarem a cair e o poder integrador da internet ficar mais forte, muitas atividades comerciais serão capazes de serem organizadas em mercados, sem nenhum controle centralizado. Os setores industriais começarão a adotar o modelo de produção de Hollywood: equipes de especialistas se reúnem para criar um produto especial ou realizar alguma outra função comercial e então se dispersam ou voltam a se reunir de novas maneiras, conforme ditarem as forças do mercado. Os gerentes e as empresas que eles conduzem desaparecerão completamente, enquanto a visão de Bill Gates da internet como o "intermediário universal" passa a vigorar.

Porém essa é uma interpretação errônea do texto de Coase.[14] É verdade que a internet reduz os custos de transação dentro dos mercados, mas ao mesmo tempo ela reduz os custos de coordenação dentro das empresas. Em outras palavras, a internet torna a administração, propriamente dita, mais eficiente, o que pode fazer com que até mesmo mais atividades sejam incorporadas economicamente dentro de uma única organização. Coase se dá ao trabalho de indicar os efeitos complexos das inovações que influenciam os custos de transação, escrevendo que "a maioria das invenções mudarão tanto os custos da organização [dentro da empresa] quanto os custos de usar o mecanismo de preços. Nesses casos, se a invenção tenderá a tornar as empresas maiores ou menores, vai depender da influência sobre esses dois conjuntos de custos".[15] Ele, então, especifica melhor, de modo que tenha uma orientação direta para a compreensão do impacto da internet: "Mudanças como o telefone e o telégrafo que tendem a reduzir o custo de organização espacialmente tenderão a aumentar o tamanho da empresa. Todas as mudanças que aprimoram as técnicas gerenciais tenderão a aumentar o tamanho da empresa".[16]

A História reforça, de maneira eloquente, o ponto de vista de Coase. As tecnologias de infraestruturas iniciais que reduziram os custos das comunicações e da coordenação — não só o telégrafo e o telefone, mas também a ferrovia e o automóvel — não levaram empresas a diminuir. Ocorreu exatamente o oposto, na verdade: elas produziram empresas gigantescas, integradas verticalmente. Elas possibilitaram a existência da organização comercial moderna complexa. É perigoso presumir que a "morte da distância", para emprestar a explicação de Frances Cairncross sobre o efeito das novas tecnologias da comunicação, significará a morte da empresa. Em alguns casos, a internet fará as organizações comerciais se encolherem, ao torná-las econômicas por terceirizar uma quantidade maior de trabalho. Em outros casos, as levará a expandir ao trazer mais trabalho para dentro.

Um professor de administração de TI de Harvard, Andrew McAfee, chegou a sugerir que a TI pode *aumentar* o custo de usar o mercado para coordenar o trabalho. No futuro, sustenta ele, os ganhos de eficiência irão girar em torno da coordenação de processos verticais complexos e altamente automatizados, como a administração de uma cadeia de abastecimento ou de um sistema de distribuição. Essa coordenação, por sua vez, gira em torno da rígida padronização de processos, dados e sistemas de informações. É sempre muito mais fácil para a administração centralizada impor essa padronização à organização, observa McAfee, do que esperar que ela surja naturalmente por meio das interações complexas e geralmente conflitantes de agentes livres do mercado. As hierarquias, em outras palavras, podem ter um desempenho melhor do que os mercados quando se trata de integrar sistemas complexos de informações, levando ao ressurgimento da empresa integrada verticalmente.[17]

Mas além da economia prática, pode haver importantes razões estratégicas para se manter diversas atividades sob o controle direto da administração. Qualquer empresa terceirizada terá seus próprios incentivos econômicos, os quais podem, ou não, coincidir com os da empresa que a contrata. É ótimo falar sobre "parcerias em que todos ganham" e "aumentar o tamanho do bolo", mas no fim todas as empresas de um setor estão em competição para se apoderar de maiores participações dos lucros do setor para si. Quando os interesses econômicos de uma empresa terceirizada divergem dos da empresa que a contratou, pode-se esperar que a terceirizada aja de maneira que prejudique a parceira. Conforme o economista de Berkeley Hal Varian escreveu em um artigo inteligente sobre as ideias de Coase, "Se determinados fornecedores são decisivos para seu sucesso, você vai querê-los dentro, sob seu controle, não fora, onde os objetivos dele podem diferir dos seus".[18] Mesmo quando custar menos terceirizar uma atividade, você pode não querer fazer isso — os riscos estratégicos podem ter peso maior do que as economias de custo.

O que é verdadeiramente perigoso na argumentação da escola pós-empresa é a sua desconsideração das realidades competitivas da empresa. Ao mudar o foco da produtividade e da lucratividade das empresas para a produtividade e lucratividade dos grupos soltos de empresas, os defensores da pós-empresa encorajam os gerentes a agir de uma maneira que, a longo prazo, poderia corroer as vantagens e os resultados financeiros da empresa. Para eles as empresas devem se transformar em módulos altamente especializados, em largas redes de negócios do tipo *plug-and-play,* ou seja, que passam a funcionar assim que são ligadas. Como observa Richard Veryard em seu livro *The component-based business* [A empresa baseada em componentes], "Graças ao método *plug-and-play,* uma nova empresa pode ser montada rapidamente como um conjunto agrupado de parcerias e serviços. […] Mesmo uma empresa substancial pode, agora, ser considerada componente de um sistema muito maior, em vez de uma operação comercial individualizada".[19]

Essa visão revela uma deficiência comum no pensamento dos tecnólogos: sua tendência a confundir empresa com processamento de informações, a querer ver as empresas como, essencialmente, computadores. Eles se esquecem das características físicas e humanas das organizações comerciais, ou dão pouca importância a elas — todas as coisas que não podem ser reduzidas à codificação digital, que não podem ser "expostas" ou "tornadas transparentes" por meio de redes. Essa percepção superficial leva-os a concluir que as empresas, assim como os computadores, podem e devem tornar-se componentes, ou módulos, de redes amplas e flexíveis.[20] Mas como a história da própria infraestrutura de TI mostra, tornar-se um módulo padronizado geralmente significa tornar-se uma mercadoria — o que pode ser ligado de maneira fácil pode simplesmente ser desligado com a mesma facilidade. No fim, as empresas padronizadas, modulares, teriam menos maneiras de se distinguir; e a avaliação do seu desempenho seria reduzida a poucas medidas facilmente comparadas. Em muitos casos, isso deixaria apenas uma base para a competição: o preço a que podem executar sua função especializada. Para muitas empresas, a participação em uma "rede comercial" contínua praticamente garantiria uma existência não fermentada pelo lucro.

Isso não quer dizer que uma empresa deva se recolher à sua concha. Descobrir qual o papel, grande ou pequeno, a desempenhar em uma cadeia de lucro do setor sempre foi, e sempre será, uma decisão estratégica fundamental. Trata-se simplesmente de dizer que, ao avaliar as parcerias potenciais ou as oportunidades de terceirização, os gerentes devem levar em conta, antes de tudo, os interesses da sua empresa. As empresas inteligentes resistirão à especialização e à modularização automática, reconhecendo que podem prejudicar as vantagens complexas sobre as quais se baseia o verdadeiro sucesso a longo prazo. Em vez disso, as empresas sensatas usarão a infraestrutura de TI para estabelecer relações comerciais que aumentem, em vez de diminuir, seu poder econômico e estratégico, ao mesmo tempo em que ofereçam incentivos significativos para seus parceiros.

A JPMorgan Chase fez exatamente isso no negócio de finanças automotivas. A empresa uniu-se à Americredit e à Wells Fargo para lançar um sistema on-line, chamado DealerTrack, que permite aos distribuidores automatizar a geração e o processamento de empréstimos. Mas a JPMorgan não estava pensando simplesmente em aumentar a produtividade geral no setor; ela estava usando a infraestrutura de TI compartilhada para aumentar seu poder de mercado. Ela sabia que sua operação de empréstimos em grande escala lhe dava uma vantagem de custo sobre as outras empresas concorrentes que usariam o sistema DealerTrack, portanto confiava que seria capaz de reduzir a competição na precificação dos empréstimos. Ao automatizar a busca de empréstimos e a comparação dos seus termos, o DealerTrack simplesmente facilitou para que mais emprestadores descobrissem a melhor precificação da JPMorgan, tornando a vantagem de custo da empresa a mais poderosa de todas.[21] Seus parceiros ganham, mas ela ganha mais.

A infraestrutura universal de TI cria uma pressão para homogeneizar os processos comerciais e as organizações, e pode levar uma empresa descuidada a parcerias, contratos de terceirização e iniciativas de especialização que impedem as oportunidades de obter vantagens e que prejudicam a lucratividade a longo prazo. O executivo consciente irá resistir à pressão, não cedendo a ela. Como sempre, a pior coisa que um líder empresarial pode fazer é relaxar e não se preocupar com o que deve fazer.

A necessidade de uma visão bifocal

Os filósofos da estratégia comercial há muito se dividiram em dois campos não muito distintos. Há os classicistas, que adoram uma "perspectiva baseada no setor", acreditando que uma estratégia bem-sucedida gira em torno de uma compreensão clara da estrutura econômica e competitiva do setor. O desafio para os líderes de uma empresa é posicionar a empresa de tal maneira que ela seja capaz de obter a maior participação possível dos lucros do setor. A criação da estratégia, para os classicistas, começa com o olhar para fora. E depois vêm os estudiosos que adotam uma "perspectiva baseada nos recursos" em relação à estratégia. Para eles, a essência da estratégia não está fora da empresa, mas dentro dela — nos recursos ou em suas possibilidades. O desafio para os executivos é descobrir o que a empresa faz de melhor e então converter essa "competência fundamental" em uma vantagem sobre a concorrência. A criação da estratégia, desse ponto de vista, começa com o olhar para dentro.

Os executivos mais bem-sucedidos ignoram essas distinções acadêmicas, é claro. Eles entendem, intuitivamente, que a estratégia de sucesso tem a ver *tanto* com alcançar uma posição privilegiada no setor *quanto* com explorar as possibilidades e os recursos exclusivos internos. Em outras palavras, eles sabem que o sucesso do negócio decorre de uma mediação contínua e decidida entre o de dentro e o de fora. O amadurecimento da infraestrutura de TI, com seus efeitos corrosivos sobre a vantagem competitiva, exige mais atos de síntese prática. Ela requer que os gerentes vejam uma vantagem competitiva tanto como meta quanto como caminho, fim e meio. E ela requer que eles protejam a integridade da empresa como uma organização independente, mesmo que explorem as conexões mais estreitas com as outras empresas, possibilitadas pelas redes de computadores. A agilidade deve ser equilibrada com a estabilidade, e a abertura, com a prudência. Os executivos que forem capazes de combinar essa visão bifocal sem perder a capacidade de agir prontamente estarão por trás das grandes empresas que subsistirão por muito tempo no século XXI.

Notas

1. Michael E. Porter. *Competitive advantage: creating and sustaining superior performance*. Nova York: Free Press, 1985, p. 164.
2. Mark Cotteleer. "An empirical study of operational performance convergence following enterprise IT implementation", relatório da Faculdade de Administração de Harvard 03-011, out. 2002.
3. Bill Gates. *The road ahead*. 2 ed. Nova York: Penguin, 1996, p. 180-181.
4. Michael E. Porter. "Strategy and the internet". *Harvard Business Review*, mar. 2001, p. 66.
5. Rajen Madan, Carsten Sorenson e Susan V Scott. "'Strategy sort of died around april of last year for a lot of us': CIO perceptions on ICT value and strategy in the UK financial sector", ensaio apresentado no 11ª Conferência Europeia sobre Sistemas de Informação, Nápoles, Itália, 19-21 jun. 2003, p. 10.
6. Citado em Michael Schrage. "Wal-Mart trumps Moore's Law". *Technology Review*, mar. 2002, p. 21.
7. Joan Magretta, com Nan Stone. *What management is: how it works and why it's everyone's business*. Nova York: Free Press, 2002, p. 62. O livro de

Magretta apresenta uma visão geral excelente sobre o desenvolvimento das estratégias, tanto da Dell quanto do Walmart, em que me inspirei para minha argumentação sobre as duas empresas.

8. Apresentei originalmente o conceito de vantagem alavancável no contexto da competição da internet em um artigo de 2000. Veja Nicholas G. Carr. "Be what you aren't". *Industry Standard,* 7 ago. 2000, p. 162.

9. Em razão do fluxo atual do setor musical, resta saber se a Apple será capaz de defender sua liderança inicial no varejo on-line. Sua vantagem pode acabar sendo sustentável, ou pode precisar ser considerada como mais uma vantagem alavancável. Em todo caso, o lançamento da sua loja musical terá compensado por causa do aumento de vendas do iPod e de outros equipamentos.

10. Don Tapscott. "Rethinking strategy in a networked world". *Strategy and Business,* 24, terceiro trimestre de 2001, p. 39.

11. Larry Downes e Chunka Mui. *Unleashing the killer app: digital strategies for market dominance.* Boston: Harvard Business School Press, 1998, p. 42.

12. R. H. Coase. "The nature of the firm". *Economica,* nov. 1937, p. 392-393.

13. Coase chamou originalmente esses custos de "custos de marketing", mas a expressão "custos de transação" tornou-se a mais usada.

14. Hal R. Varian. "If there was a new economy, why wasn't there a new economics?". *Nova York Times,* 17 jan. 2002.

15. Coase. "The nature of the firm", p. 397 (nota de rodapé n. 3).

16. Ibid., p. 397. Para outra opinião sobre as diferentes maneiras pelas quais os custos das mudanças nas comunicações podem influenciar as organizações comerciais, veja Thomas W. Malone. *The future of work: how the new order of business will shape your organization, your management style, and your life.* Boston: Harvard Business School Press, 2004.

17. Andrew McAfee. "New technologies, old organizational forms? reassessing the impact of IT on markets and hierarchies", relatório da Faculdade de Administração de Harvard 03-078, abr. 2003.

18. Varian. "If there was a new economy, why wasn't there a new economics?".

19. Richard Veryard. *The component-based business: plug and play.* Londres: Springer, 2000, p. 2.

20. Foi esse ponto de vista que estava por trás de grande parte da publicidade dos "mercados eletrônicos de B2B", em 1999 e 2000. Na época, havia um sentimento de que, pelo menos entre muitos proponentes do "e-business", as relações com os fornecedores poderiam ser reduzidas a uma troca de informações automática pela internet. Como acabou ficando evidente, essa relação era mais complexa, e mais *humana,* do que os tecnólogos supunham. Atualmente, alguns dos promotores dos serviços pela internet e de processos de administração comercial (BPM) repetem esses argumentos da moda do B2B.

21. Veja Diana Farrell, Terra Terwilliger e Allen P. Webb. "Getting IT spending right this time". *McKinsey Quarterly,* n. 2, 2003. Disponível em: <http://www.mckimeyquarterly.com/article_page.asp?ar=1285&L2=13&L3=13> Acesso em: 14 jul. 2003.

CAPÍTULO 6

Administrando a área financeira

Novos mandantes quanto aos investimentos e à administração da TI

Em meados de 1997, o sistema ferroviário americano entrou em colapso. Enquanto as recém-unificadas Union Pacific e Southern Pacific empenhavam-se inutilmente para combinar suas operações, sua vasta rede ferroviária emperrou e milhares de cargas embarcadas sofreram atrasos, tomaram rotas equivocadas ou se perderam. Em 31 de outubro, o governo federal entrou em cena, declarando situação de emergência no transporte em praticamente todo o território nacional. As empresas industriais e agrícolas do Texas, nos Estados Unidos, foram as mais afetadas, muitas das quais eram servidas apenas pelas linhas da Union Pacific. No início de 1998, por exemplo, a filial americana da Cemex, a grande produtora de cimento mexicana, sofreu um corte de 50% no serviço ferroviário em suas fábricas no Texas, e a empresa perdia centenas de milhares de dólares em vendas todos os meses. As indústrias químicas da Costa do Golfo incorreram em custos adicionais estimados em meio bilhão de dólares por serem forçadas a reduzir a produção e recorrer a modalidades de transporte mais caras.[1]

Muitas empresas da Califórnia passaram por uma experiência igualmente desagradável três anos depois. O culpado, dessa vez, não foi o sistema ferroviário, mas a rede elétrica. Quando um regime regulatório equivocado, combinado a uma especulação desenfreada, ocasionou a falta de eletricidade no estado, os preços dispararam e as empresas distribuidoras de energia elétrica foram forçadas a impor blecautes sucessivos para reduzir a demanda. As interrupções no fornecimento custaram às empresas da Califórnia centenas de milhões de dólares, e forçaram alguns fabricantes a cessar completamente suas operações. Em um pronunciamento na época, o CEO da Intel, Craig Barrett, expressou a frustração da comunidade empresarial, chamando a Califórnia de "país do Terceiro Mundo" e ameaçando parar de construir novas fábricas no estado.[2]

As empresas afetadas por esses dois colapsos foram surpreendidas pelos acontecimentos. Acostumadas a considerar as ferrovias e o fornecimento de eletricidade como algo natural, elas tinham preparado poucos planos de contingência para enfrentar o problema. Viram-se, então, à mercê de uma infraestrutura de tecnologia da qual suas operações dependiam, mas sobre a qual tinham pouco controle. A experiência pela qual essas empresas passaram põe em destaque o que é talvez a lição administrativa mais importante a ser aprendida com o padrão evolutivo das tecnologias de infraestrutura: quando um recurso torna-se essencial para a competição, mas inconsequente para a estratégia, os riscos que ele gera tornam-se mais importantes do que as vantagens que oferece. Atualmente, nenhuma empresa desenvolve sua estratégia comercial em função do serviço ferroviário ou da eletricidade, mas um lapso na oferta desses recursos, ou um aumento súbito no seu custo, podem ser devastadores.

Felizmente, os riscos associados às tecnologias de infraestrutura diminuem na medida em que as tecnologias amadurecem e tornam-se mais estáveis e resilientes. Os colapsos ferroviários e elétricos, antigamente comuns, tornaram-se ocorrências raras no mundo desenvolvido (embora os blecautes na América do Norte e na Itália, em 2003, tenham chamado a atenção para os perigos de considerar as infraestruturas estabelecidas como algo garantido e natural). Mas no início de seu desenvolvimento, particularmente durante e depois da sua expansão, as tecnologias de infraestrutura apresentaram graves riscos às empresas. É fácil perceber o por quê. Quando torna-se claro que está surgindo uma nova infraestrutura comercial, as empresas investem pesadamente na tecnologia por trás dela, incorporando-a em muitos aspectos de suas operações, e geralmente fazendo alterações consideráveis em seus processos e organizações. Não sobra a elas outra escolha a não ser agir; para a maioria das empresas, adaptar-se à nova infraestrutura é uma necessidade competitiva. Ainda assim, uma vez que a tecnologia é nova, ela é instável, não testada e propensa ao colapso, o que pode provocar uma devastação nas operações de uma empresa. Os executivos, acima de tudo, têm relativamente pouco conhecimento e experiência com a nova tecnologia — os melhores meios de avaliar os investimentos e administrar os recursos ainda não estão claros —, e em consequência disso eles costumam fazer as escolhas erradas ao comprá-la e usá-la. Em outras palavras, as empresas são forçadas a instalar um novo recurso comercial decisivo antes de terem aprendido a controlá-lo de maneira eficaz.

Esse certamente foi o caso da tecnologia da informação. Embora o setor como um todo tenha feito grandes progressos na adoção da TI, um quadro diferente aparece quando se observa as empresas isoladamente. Na medida em que as empresas instalaram os sistemas durante a expansão da TI, elas deram muitos tropeços e tomaram medidas erradas. Alguns dos maiores fiascos foram amplamente divulgados.[3] A capitalização no mercado dos planos de saúde Oxford caiu 3 bilhões de dólares em um único dia, depois que a instituição anunciou que problemas na programação dos computadores tinham levado a erros generalizados no processamento de faturas e nos pedidos de pagamento do seguro. As dificuldades da Nike na instalação de um programa para controlar a cadeia de abastecimento custaram-lhe um montante estimado em 400 milhões de dólares. Os atrasos no início do funcionamento de um novo sistema de pedidos na indústria de ferramentas Snap-on levou a uma queda de rendimentos de 40%. Uma implementação desastrosa de um sistema de ERP ajudou a levar a FoxMeyer Drug à falência. Um erro no cálculo dos estoques da W. W. Grainger, por um novo sistema de logística, de 9 milhões de dólares levou a uma queda de 23 milhões de dólares nos seus lucros. A Cigna perdeu 6% das suas contas de seguro-saúde depois da instalação equivocada de um sistema de administração do relacionamento com o cliente. O alardeado sistema de previsão "em tempo real" da Cisco System deixou de indicar uma iminente queda na demanda de equipamentos de rede, o que levou a uma redução de 2,5 bilhões de dólares no valor dos estoques e a demissão de 8.500 funcionários. Mesmo o grave acidente operacional que se seguiu à fusão entre a Southern Pacific e a Union Pacific pode ser atribuído à incapacidade das empresas de coordenar seus sistemas de TI.

Praticamente toda empresa que se preze tem suas próprias "histórias de terror" sobre os projetos de TI que estouraram o orçamento ou o cronograma, que nunca chegaram nem perto de produzir os benefícios esperados ou que simplesmente foram abandonados. Um estudo conduzido pelo grupo Standish, em 1995, descobriu um impressionante registro de fracassos em projetos de TI.[4] Dos mais de 8 mil projetos de sistemas que o Standish analisou, apenas 16%

foram considerados bem-sucedidos — concluídos no prazo e dentro do orçamento, e atendendo às especificações originais. Praticamente um terço deles foram cancelados completamente, e os demais remanescentes superaram o orçamento, não cumpriram o cronograma e não atenderam às especificações. As grandes empresas — aquelas com mais de 500 milhões de vendas anuais — saíram-se ainda pior do que a média: apenas 9% dos seus projetos de TI foram bem-sucedidos.

E quando os projetos de TI fracassam, descobriu o Standish, eles fracassam em grande estilo. A maioria dos excessos de custo superou os 50% do orçamento original, e cerca de um quarto dos projetos acima do orçamento excedeu os custos estimados em 100% ou mais. Entre os projetos que estouraram o cronograma, 48% demoraram mais que o dobro do tempo originalmente planejado e 12% demoraram pelo menos o triplo do tempo. Entre os projetos que foram concluídos, mas que não atenderam às expectativas iniciais, mais de 30% deixaram de atender sequer à metade das características e das funções originalmente especificadas. O Standish também descobriu que quase todos os projetos — 94% — precisaram ser reiniciados a certa altura, e alguns precisaram ser reiniciados várias vezes seguidas.

Em uma pesquisa de acompanhamento, em 1998, o Standish descobriu algumas melhoras, mas o quadro geral continuava desanimador. Embora o porcentual de projetos bem-sucedidos tenha subido para 26%, esse ainda era menor que o porcentual dos que haviam sido cancelados (28%), ou que deixaram de alcançar os resultados pretendidos (46%).[5] Outro estudo de 1998, feito pela empresa KPMG, revelou uma realidade ainda pior. Das 1.450 empresas pesquisadas, três quartos informaram que seus projetos de TI excederam os prazos e mais da metade das empresas informaram que os projetos ultrapassaram de maneira substancial o orçamento. Quando analisou 100 das iniciativas fracassadas, a KPMG descobriu que 87% delas superara o orçamento em mais de 50%.[6] Bob Napier, o chefe-executivo de tecnologia da Hewlett-Packard, resumiu bem a situação em uma entrevista em 2003: "O número de projetos que fracassa é assustador".[7]

Muitos dos fracassos eram, em retrospectiva, inevitáveis, uma consequência natural do processo de tentativa e erro que acontece sempre que uma empresa adota uma nova tecnologia. A essa altura, tentar atribuir a culpa a determinado grupo — fornecedores, consultores, CEOs, CIOs — seria um exercício inútil. O desafio agora é diminuir o índice de fracassos — rápida e radicalmente. Considerando os altos riscos inerentes aos projetos de TI e a probabilidade cada vez menor de que levem às vantagens duradouras necessárias para aumentar os lucros, tanto usuários quanto fornecedores precisam se concentrar em exigências essenciais, como eficiência, previsibilidade, confiabilidade e segurança. Em outras palavras, chegou o momento de se adotar uma postura mais conservadora em relação à administração da TI. Enquanto a infraestrutura amadurece, as empresas bem-sucedidas não serão aquelas que perseguem, de maneira reflexiva, as inovações, que se arriscam a "ampliar os horizontes", mas, sim, aquelas que forem pragmáticas no planejamento e competentes na execução.

Gaste menos

A administração da TI oferece muitos riscos às empresas, mas, no momento, o maior de todos é gastar mais do que seus recursos permitem. A TI pode ser uma mercadoria, e seus custos podem cair o suficiente para assegurar que quaisquer novas capacidades sejam rapidamente compartilhadas, mas o próprio fato de que ela está intimamente ligada a tantas funções na empresa significa que vai continuar consumindo grande parte dos gastos corporativos em um futuro previsível. A TI continuará a ser "um ralo insaciável da economia", como classificou de forma memorável o autor James McKenney durante a era das grandes unidades de computação.[8] O importante — e isso se aplica ao consumo de qualquer mercadoria — é ser capaz de separar os investimentos essenciais dos que são arbitrários, desnecessários, ou até mesmo contraproducentes.

O primeiro desafio dos gerentes é colocar a casa da TI em ordem. A maioria das empresas pode fazer economias significativas simplesmente eliminando o desperdício. O computador pessoal representa um bom exemplo. As empresas compram mais de 100 milhões de PCs todos os anos, sendo a maioria para substituir modelos mais velhos. A maioria dos trabalhadores que usam PCs precisa de apenas alguns aplicativos simples — processador de texto, planilhas, e-mail e navegador da internet. Esses aplicativos estão tecnologicamente maduros há anos; eles requerem apenas uma parte da potência de computação oferecida pelos microprocessadores atuais. Ainda assim, as empresas continuam a instalar equipamentos e atualizações de programas indiscriminadamente, a cada dois ou três anos, em geral.

Muitos dos gastos, na verdade, são motivados não pelos interesses dos compradores, mas pelas estratégias dos vendedores. Os grandes fornecedores de equipamentos e programas tornaram-se muito competentes em parcelar as novas características e os novos recursos de maneira a forçar as empresas a comprar novos computadores e aplicativos com mais frequência do que precisavam. A Intel e a Microsoft, em especial, criaram um ciclo muito lucrativo de produção de microprocessadores mais rápidos e programas mais complexos; a compra de um geralmente não deixa outra escolha à empresa a não ser atualizar o outro. Alguns fornecedores de sistemas caros para empresas, como programas de ERP, exigem que até mesmo os clientes se atualizem nas novas versões para continuar a receber a manutenção. Uma vez que o suporte do fornecedor é decisivo para manter o complexo sistema em funcionamento, as empresas praticamente não têm escolha a não ser pagar a conta.

Mas se há um lado bom na mercadorização, é que o equilíbrio de poder está pendendo mais para o lado do comprador do que para o do vendedor. Com a competição entre os fornecedores se intensificando, os compradores de TI acham-se em posição de exercer seu peso com muito mais agressividade — negociando contratos, por exemplo, que assegurem a viabilidade a longo prazo dos seus investimentos em PC, que vinculem os pagamentos ao uso real, incorporem acordos rígidos de prestação de serviços que impõem limites enérgicos aos custos de atualização. E, se os vendedores recusarem, as empresas devem se dispor a pesquisar soluções mais baratas, incluindo aplicativos livres e PCs enxutos para as redes, mesmo que isso signifique sacrificar recursos. Se uma empresa precisa de evidências de quanto dinheiro pode ser economizado, basta observar as imensas margens de lucros da Microsoft com programas para PC.

Mas os PCs são apenas um exemplo. O desperdício de gastos com TI há muito é uma endemia nas corporações, e atingiu proporções de praga durante o *boom* da internet, no final da década de 1990, quando, como observou um executivo do setor de computação, "os servidores se multiplicavam como bactérias".[9] Atualmente, na esteira de todos os excessos de gastos, "praticamente menos da metade da capacidade [instalada] de TI é realmente usada", informa o *Financial Times*.[10] É desnecessário dizer que em sua maioria os equipamentos e programas supérfluos nunca serão usados — já são obsoletos. Mas a lição é clara: as empresas precisam se assegurar de que os investimentos feitos no passado tenham rendido dividendos antes de fazer outros novos.

As empresas também têm oportunidades de impor controles mais rígidos sobre o uso da TI. Isso se aplica especialmente na área de armazenamento de dados, que passou a responder por mais da metade dos gastos de capital de muitas empresas com TI.[11] A maior parte do que é armazenado nas redes corporativas tem pouco a ver com a fabricação dos produtos ou com o atendimento ao cliente — consiste em e-mail e arquivos salvos pelos funcionários, incluindo terabytes de spam, MP3 e videoclipes. A revista *Computerworld* calcula que cerca de 70% da capacidade de armazenamento de uma rede de Windows típica é desperdiçada — um enorme dispêndio desnecessário.[12] Para muitos gerentes, restringir a capacidade dos funcionários de salvar arquivos de maneira indiscriminada e indefinida pode parecer algo desastroso, mas mesmo uma medida simples assim pode ter um impacto verdadeiro sobre o resultado final. Agora que a TI tornou-se a despesa de capital dominante entre a maioria das empresas, não há desculpa para o desperdício e o desleixo.

Uma empresa que está se preparando para exercer um controle mais rígido sobre sua rede é a unidade de franquia hoteleira da Cendant. A empresa percebeu que milhares de agentes de reservas que operam a ocupação das suas acomodações desperdiçavam tempo navegando na web, baixando jogos, aplicativos e arquivos pessoais da internet. Considerando que não havia benefício para a empresa permitir o acesso à web entre os agentes, o diretor de TI da unidade, David Chugg, simplesmente decidiu retirar o aplicativo de navegação dos PCs dos agentes. Mas isso se revelou impossível, uma vez que a Microsoft integrou o navegador Explorer ao seu sistema operacional Windows. Assim, Chugg adotou a medida radical de substituir todas as máquinas com o Windows residente por unidades de mesa funcionando com uma versão do sistema operacional Linux. E ficou muito satisfeito com isso. A empresa não só aumentou a produtividade dos seus agentes e fez uma limpeza em sua rede, como também cortou significativamente os gastos com licenciamento de programas.[13]

Em um nível superior, uma administração de custos mais dura requer mais rigor no planejamento e avaliação dos sistemas e mais criatividade na exploração de equipamentos, programas e serviços alternativos que sejam mais simples e baratos. Diversas empresas vêm mostrando quanto dinheiro pode ser economizado adotando-se uma postura mais sistemática de contenção de custos. A General Electric é uma delas. A GE gasta cerca de 3,3 bilhões de dólares por ano em TI — o equivalente a cerca da metate do produto interno bruto da Etiópia —, e ainda assim seu chefe-executivo de informações, Gary Reiner, não se incomoda de navegar pelas ofertas nos leilões do eBay em busca de boas aquisições de equipamentos usados. Por meio de um esforço orquestrado e multifacetado de redução de custos — mudando os aplicativos corporativos para servidores baratos de Linux, alavancando a superabundância de fibras óticas para negociar taxas muito mais baixas para a transmissão de dados, usando a mão de obra indiana barata para o desenvolvimento de programas e assim por diante — Reiner conseguiu cortar o orçamento de TI da GE de 2,8% da receita, em 2000, para 2,5%, em 2002.[14]

O CIO da General Motors, Ralph Szygenda, também foi implacável ao podar os imensos gastos com TI da montadora. Depois de informar a alguns dos seus principais executivos que cada um precisava cortar 100 milhões de dólares do seu orçamento anual, ele voltou atrás e mandou-os cortar mais 50 milhões. Além de desconectar muitos sistemas com funcionamento deficiente e consolidar outros, Szygenda tem descarregado cada vez mais o trabalho com a TI em empresas terceirizadas. No final de 2002, a GM não empregava mais programadores na empresa — todo o trabalho fora terceirizado. A maior parte dos 1.800 funcionários da área de TI da empresa foi destinada a controlar as empresas terceirizadas e os fornecedores, monitorando a qualidade do seu trabalho e negociando os preços mais baratos de equipamentos e serviços. A atuação de Szygenda compensou para a GM. Nos seus primeiros seis anos no cargo, ele cortou 800 milhões de dólares dos gastos anuais da empresa com TI.[15] As concorrentes da GM seguiram seu exemplo. Entre 2002 e 2003, a Ford cortou 300 milhões de dólares do seu orçamento anual com TI, ou seja, 20%. A DaimlerChrysler cortou seus gastos com sistemas para testes de colisões em 40% — e melhorou o desempenho em 20% —, substituindo três grandes unidades de computadores de grande porte por uma centena de servidores baratos.

Até mesmo uma empresa cujo negócio inteiro depende da infraestrutura de TI conseguiu podar seus gastos substancialmente. O CIO da Verizon, Shaygan Kheradpir, cortou os gastos com TI da empresa de comunicações de 6% — a média entre as empresas do setor — para 4%, entre 2001 e 2003. Algumas das economias vieram de cortes de pessoal, uma vez que ele reduziu a mão de obra de TI em 20%, mas grande parte das economias se deu a duras barganhas com os fornecedores. No início de 2002, Kheradpir dilatou os prazos de todas as novas aquisições de computadores. Então ele procurou os três principais fornecedores de servidores da empresa — Sun, Hewlett-Packard e IBM — e lhes disse que sua participação nas futuras aquisições da Verizon seria determinada unicamente pelos preços que cobrassem. Todos os fornecedores reduziram os seus preços em 25%, e a Sun e a HP ainda ofereceram reduções consideráveis nas taxas de manutenção.

Capitalizando a mercadorização dos equipamentos, Kheradpir também pressionou outros fornecedores para obter concessões. A exemplo de Reiner, da GE, ele passeia rotineiramente pelos preços das ofertas do eBay, em busca de equipamentos de armazenagem usados, e depois faz com que seus compradores usem essas informações como um argumento de barganha ao negociar os preços de novos equipamentos com seu maior fornecedor de armazenagem, a EMC. E ele exigiu que a EMC e outros fornecedores proporcionassem à Verizon a condição de "capacidade sobre demanda", cobrando apenas pela armazenagem e capacidade de processamento que a empresa usa de fato, independentemente de quanto esteja instalado. A Verizon também está economizando cerca de 50 milhões de dólares por ano ao mudar o trabalho de desenvolvimento dos Estados Unidos para a Índia. A empresa descobriu que usar a mão de obra indiana não só reduziria o custo de elaboração de programas como também apressaria de maneira significativa seu ritmo, uma vez que a diferença de tempo entre a Índia e os Estados Unidos permite que a programação continue 24 horas por dia. Quando os programadores internos da Verizon chegam para trabalhar de manhã, já encontram à sua disposição as codificações feitas na Índia para continuar o trabalho.[16]

A E-Trade, a grande corretora financeira da internet, reduziu drasticamente o custo do seu ativo de TI mais crítico, seu sistema de comercialização on-line. Em 1998, a empresa gastou mais de 14 milhões de dólares para comprar 60 servidores Sun, ao mesmo tempo que também concordava em pagar à Sun 1,5 milhão de dólares em taxas anuais de manutenção. Em 2002, porém, a E-Trade substituiu as máquinas da Sun por 80 servidores Linux, que custavam exatamente 4 mil dólares cada, ou 320 mil ao todo. A mudança também acarretou uma redução drástica nos custos de manutenção. O CIO da E-Trade, Josh Levine, expressou alívio ao se livrar dos sistemas proprietários. "Conseguimos conduzir o vendedor em vez de sermos conduzidos por ele", comentou na revista *CIO*.[17]

Por causa da potência e dos recursos rapidamente crescentes dos equipamentos e dos programas tratados como mercadorias, muitas vezes as empresas são capazes de fazer drásticas reduções de custos em um período de tempo relativamente curto, com pouca interferência nos seus negócios. A Amazon.com, por exemplo, conseguiu mudar mais de 90% dos seus servidores de sistemas proprietários: Unix, como o Solaris, da Sun, e o Tru64, da Compaq, para o sistema Linux de acesso livre em apenas três meses, cortando 17 milhões de dólares do seu orçamento trimestral de TI. Os únicos servidores que ainda funcionam com sistemas proprietários são os do centro de dados corporativos da Amazon, que abrigam os dados da maior importância sobre preços e informações dos clientes para a loja on-line da empresa. E a Amazon está pensando em mudar para Linux até mesmo essas máquinas decisivas para sua missão. "Não estamos preparados para parar por aqui", comentou o diretor de engenharia de sistemas da empresa em uma palestra na conferência o sistema LinuxWorld de 2002. "A nossa meta é realmente fazer uma migração completa para o Linux."[18]

Nenhuma dessas empresas está cortando despesas de maneira cega ou instintiva. Elas estão simplesmente capitalizando a conversão da TI para mercadoria, mudando para os sistemas mais baratos e para a mão de obra de menor custo que a crescente padronização e homogeneização da infraestrutura possibilita. E quando faz sentido gastar mais em determinada área, elas gastam mais. Kheradpir, da Verizon, por exemplo, tem atualizado agressivamente os PCs usados nos centros de atendimento ao consumidor da empresa para instalar versões mais rápidas do complexo programa que os funcionários do serviço de atendimento ao cliente usam. Reduzindo o tempo das chamadas, os processadores mais rápidos aumentam a produtividade global dos centros, ao mesmo tempo em que melhoram a qualidade do serviço prestado ao cliente. Quanto aos outros PCs usados na empresa, porém, Kheradpir retardou o ciclo de atualização. Ele só introduz máquinas novas quando os benefícios econômicos são claros e irresistíveis.

A mercadorização continuará a proporcionar às empresas novas oportunidades para reduzir custos e riscos. As comparações de preços, por exemplo, estão se tornando mais fáceis à medida que a base para a competição entre os fornecedores continua a mudar para os custos. Em uma iniciativa eficaz, em 2003, a Sun Microsystems adotou um modelo de precificação padronizado para os programas empresariais anunciando que começaria a cobrar das empresas uma taxa fixa de cem dólares por funcionário a cada ano, cobrindo não só uma faixa abrangente de programas de rede como também suporte e treinamento. A mercadorização igualmente está chegando aos serviços de TI, conforme indicado pela rápida expansão dos serviços terceirizados na Índia e em outros países em desenvolvimento. Ao declarar a intenção de reduzir os custos de serviços de TI da sua própria empresa, Michael Dell informou ao *Financial Times:* "O fato é que é possível aplicar certa noção mística em relação a muitos desses serviços, mas se observá-los em detalhe, observar o que realmente está acontecendo, você vai descobrir que muitas das coisas que [os serviços profissionais] estão fazendo são altamente recorrentes. [...] Na verdade, estamos transformando os serviços em mercadoria. Não há uma razão para que isso não aconteça".[19] A capacidade de entender e capitalizar essas tendências será uma marca registrada da administração eficaz da TI por muitos anos à frente.

Acompanhe, não lidere

Nem sempre é necessário fazer cortes imediatos para economizar somas consideráveis de dinheiro. Uma maneira bastante eficaz de reduzir os custos sem renunciar aos novos sistemas é simplesmente gastar mais devagar. A rápida e contínua queda nos preços da TI significa que até mesmo pequenos atrasos nas aquisições podem reduzir drasticamente o custo de alcançar determinado nível de funcionalidade em relação à TI. E retardar os investimentos em TI também pode ter outros efeitos benéficos. As empresas que permanecem fora da linha de frente da tecnologia reduzem as chances de serem sobrecarregadas com tecnologia infestada de defeitos ou prestes a se tornar obsoleta. Elas também são capazes de aprender com os acertos e erros das empresas que se adiantaram, o que lhes permite não só evitar despesas desnecessárias como também montar sistemas melhores.

Muitas empresas se apressam em investir em TI, na esperança de obter a vantagem de ser a primeira a tomar a iniciativa, ou por receio de ficar para trás. Isso fazia sentido especialmente no final da década de 1990, quando o *boom* da internet coincidiu com os temores do "bug do milênio" e com a introdução do euro. As revistas de negócios produziram uma torrente inesgotável de artigos, incentivando os executivos a instalarem os últimos sistemas; caso contrário, eles correriam o risco de serem consignados à lata de lixo da história empresarial, um tema repetido pelos fornecedores e consultores de TI. Ainda em fevereiro de 2001, o CEO da Cisco, John Chambers, falava em uma audiência de gerentes corporativos de TI que "a internet muda tudo: toda empresa no mundo encontra-se em um período de transição. Daqui a dez anos, não haverá outro tipo de empresa a não ser de comércio eletrônico". Os executivos "precisam pensar as mudanças na tecnologia como ondas", continuava ele. "As empresas líderes sempre estarão uma ou duas ondas à frente em matéria de aplicativos ou serviços e as retardatárias, uma ou duas ondas atrás".[20] No mesmo evento, um dos diretores da empresa de consultoria PriceWaterHouse-Coopers foi ainda mais enfático, dizendo sobre as empresas que "o jogo está mudando e quem não fizer mudanças abruptas e precisas sairá perdendo; e as perdas serão grandes. [...] Não existe estratégia para 'seguidoras rápidas'".[21]

Tal retórica contribuiu muito para o marketing, mas ela era completamente oca. A não ser em casos raros, tanto a esperança de obter uma vantagem defensável por meio dos gastos com TI quanto o temor da obsolescência por deixar de investir revelaram-se infundados. Tem-se tornado cada vez mais claro que muitos dos usuários mais espertos da tecnologia guardam uma prudente distância da linha de frente, esperando para fazer suas aquisições até que os padrões e os melhores procedimentos se solidifiquem e os preços caiam. Eles deixam os concorrentes mais impacientes bancarem os altos custos da experimentação e depois os ultrapassam rapidamente, gastando menos e obtendo mais.

Observe o negócio de entregas de encomendas. A FedEx tem recebido amplos, e bem-merecidos, elogios pelos seus esforços para ser uma das pioneiras em matéria de novas aplicações da TI, tais como o rastreamento dos despachos on-line. Menos elogiada tem sido a postura mais deliberada adotada pela sua arquirrival, a UPS. Na verdade, a UPS sempre foi atacada ao longo das décadas de 1980 e de 1990, por ser muito lenta. Durante todo esse tempo, no entanto, a UPS acompanhava cuidadosamente os movimentos da FedEx, aprendendo não só a copiar os sistemas da rival, mas, muitas vezes, a torná-los melhores e mais baratos. Quando a UPS pôs em funcionamento seu próprio programa de administração da logística, por exemplo, ele se apresentou com um sistema mais aberto do que o da FedEx, facilitando para os clientes incorporar a tecnologia da UPS em seus sistemas já em operação.

Longe de prejudicar a UPS, o método lento, imitativo, compensou. No final da década de 1990, algumas empresas com grande número de despachos de mercadorias começaram a mudar seus contratos de logística da FedEx para a UPS. A National Semiconductor, por exemplo, abandonou um armazém em Cingapura construído pela FedEx em favor de outro novo, mas flexível, operado pela UPS.[22] Hoje em dia, ironicamente, a UPS se encarrega de muito mais entregas de varejistas da internet do que sua rival mais agressiva tecnologicamente, além de continuar sendo mais lucrativa. Quando se trata de TI, a tartaruga sempre vence a lebre.

Alguns gerentes podem recear que, sendo econômicos com o orçamento da TI, prejudiquem sua posição competitiva. No entanto, eles não precisam se preocupar. Estudos sobre gastos corporativos em TI mostram de maneira consistente que os maiores desembolsos raramente se traduzem em resultados financeiros superiores. Na verdade, é mais provável que o contrário seja verdadeiro. Em 2002, a empresa de consultoria Alinean comparou os gastos com TI e os resultados financeiros de 7.500 grandes empresas americanas e descobriu que as que apresentaram os melhores desempenhos tendiam a estar entre as que menos abriam a mão. As 25 empresas que apresentaram os retornos econômicos mais elevados, por exemplo, gastaram em média 0,8% da receita em TI, ao passo que as 25 com o pior desempenho gastaram 2,7% e a empresa média gastou 3,7%. Outra medida — gastos em TI por funcionário — mostrou um padrão semelhante. As que apresentaram os melhores desempenhos gastaram apenas 3.903 dólares por funcionário, ao passo que as de pior desempenho gastaram 6.250 dólares e a empresa média gastou 10.283.[23]

Outro estudo recente, conduzido pela Forrester Research, também não encontrou uma correlação entre os gastos com TI e os resultados financeiros. A Forrester analisou 291 empresas, comparando seus gastos com TI como uma porcentagem da receita de seu desempenho financeiro ao longo de um período de três anos, medido pelo crescimento da receita, retorno sobre os ativos e aumento do fluxo de caixa. O resultado foi que, enquanto as empresas com o pior desempenho gastavam o mínimo em TI (2,6% das vendas), as que tiveram o melhor desempenho gastaram o segundo mínimo (3,3%). As que mais gastaram (4,4%) apresentaram resultados medianos.[24]

Um dos maiores estudos sobre o impacto da TI sobre o desempenho das empresas foi realizado pelo McKinsey Global Institute, o grupo interno de especialistas da empresa de consultoria McKinsey

& Company. Em um estudo de três anos, o instituto examinou os gastos em TI e a produtividade comercial nos níveis de setor e de empresa nos Estados Unidos, na Alemanha e na França. Ele também não encontrou "nenhuma correlação" entre investimentos em TI e seu desempenho. A verdadeira motivação dos aumentos da produtividade comercial durante a década de 1990, conforme descobriu o estudo, foi a competição, que pressionou os gerentes a adotarem medidas agressivas para melhorar a eficiência e a eficácia das empresas. Nos setores com as mais fortes pressões competitivas, os investimentos em TI produziram resultados positivos. Mas onde a competição era mais restrita, até mesmo gastos mais agressivos em TI produziram poucos benefícios.[25]

Estudos extensos realizados por Paul Strassman, um dos mais antigos especialistas políticos na administração da TI, corroboram esses resultados. Strassman, que trabalhou como CIO da Kraft, Xerox e NASA, pesquisa a ligação entre gastos com TI e resultados comerciais há mais de 20 anos. Seus estudos, incluindo uma análise, em 2001, de 1.585 empresas americanas, também não revelaram absolutamente nenhuma correlação entre quanto uma empresa gasta em TI e quanto melhor é seu desempenho. "A relação entre lucros e TI é aleatória", declarou Strassman ao *Financial Times*, no final de 2001. "Daqui por diante, trata-se de economia... e o papel do CIO é ganhar dinheiro. A tecnologia deve ser considerada algo comum e natural."[26] Até mesmo Larry Ellison, da Oracle, um dos maiores vendedores de tecnologia de todos os tempos, admitiu, em uma entrevista em 2002, que "a maioria das empresas gasta demais [em TI] e obtém muito pouco retorno".[27]

Muitas empresas se acostumaram com aumentos de duas casas decimais no orçamento anual de TI. Elas consideram uma vitória simplesmente serem capazes de cortar a taxa de aumento nos gastos. Mas, atualmente, pode vigorar uma postura muito diferente.. Na medida em que as oportunidades para a vantagem baseada na TI continuam a diminuir, os prejuízos por gastar em excesso só vão aumentar. Seguindo o exemplo da GM, da Verizon e de outras empresas que realmente reduziram seus gastos em TI, ano após ano, muitas empresas talvez queiram estabelecer metas explícitas para reduzir o orçamento de TI — 5% ao ano, digamos. Esse pode não ser o objetivo certo para todas as empresas, é claro. Algumas podem considerar que faz sentido para os negócios investir mais fortemente em TI a curto prazo — para, por exemplo, substituir sistemas ultrapassados por outros novos que proporcionem mais eficiência e flexibilidade — e outra talvez precisem aumentar os gastos simplesmente para manter a própria competitividade. Mas por que não partir do pressuposto de que os gastos com TI devam, daqui por diante, cair todos os anos, e não subir, criando exceções à medida que os negócios exigirem?

Inove quando os riscos forem baixos

Embora a maiora das empresas considerem que os riscos da inovação agressiva em TI atualmente são maiores do que os benefícios potenciais, ainda há ocasiões em que faz sentido, do ponto de vista estratégico, sair na frente da concorrência. As empresas devem, em geral, procurar situações em que possam reduzir ou evitar os altos custos decorrentes de serem as primeiras a tomarem a iniciativa, ou em que a concorrência enfrente dificuldades para copiar com rapidez as inovações em TI. Quando os riscos puderem ser controlados, as inovações compensam.

Grandes empresas com substancial poder de mercado, por exemplo, podem ter oportunidades para usar inovações de infraestrutura para fortalecer suas vantagens atuais. Um bom exemplo é a iniciativa antecipada do Walmart em promover a adoção da identificação por radiofrequência no setor de produtos de consumo embalados. A RFID (do inglês *radio-frequency identification*), como esse tipo de identificação passou a ser conhecido, envolve "etiquetar" os produtos com minúsculos chips e transmissores que permitem que esses produtos sejam localizados em todo seu trajeto pela cadeia de abastecimento, do momento em que são fabricados até quando são vendidos (até mesmo depois disso, em alguns casos). Uma vez que proporciona às empresas um controle mais exato dos seus estoques, a RFID promete impulsionar a produtividade global do setor.

Em 2003, o Walmart anunciou que solicitaria dos seus 100 maiores fornecedores a colocação de etiquetas de RFID nas caixas e engradados que enviassem às suas lojas, em janeiro de 2005. Por sua posição dominante como varejista, o gesto do Walmart aumenta as possibilidades de que a tecnologia de RFID se torne padrão no setor, praticamente como aconteceu com o código de barras, na década de 1970. De fato, o Walmart está pressionando para que a tecnologia de RFID se transforme rapidamente em uma mercadoria, uma parte da infraestrutura usada por todos os fabricantes e varejistas de bens de consumo. Primeiro, ao "mercadorizar", ou transformar em mercadoria, uma nova tecnologia eficaz, o Walmart a neutraliza como uma potencial arma estratégica para a concorrência; as empresas rivais acabam tendo menos espaço de manobra. Segundo, como o Walmart é o líder em escala e custo no varejo de produtos de consumo, ele se posiciona de maneira a obter participação desproporcionada de todos os ganhos da produtividade geral do setor.

No entanto, eis a verdadeira causa dessa iniciativa: embora o Walmart esteja fazendo investimentos substanciais na RFID, a maior parte dos custos de adoção da nova tecnologia acabam caindo sobre os ombros dos seus fornecedores. De acordo com um estudo conduzido pela AMR Research, os fabricantes terão de gastar cerca de 2 bilhões de dólares apenas para atender à exigência do Wal--Mart.[28] "No momento, os benefícios são basicamente do Walmart, e os custos são de responsabilidade dos fornecedores", observou um pesquisador da AMR.[29] Ao transpor os custos para os outros, o Walmart colhe a vantagem de ser o primeiro a tomar a iniciativa sem incorrer em riscos. Apenas usando seu enorme poder de mercado para se colocar em uma situação de não perdedor.

As empresas também podem reduzir os riscos buscando inovações que a concorrência teria dificuldade em adotar. Na maioria dos casos, essas inovações envolvem aplicativos direcionados e altamente especializados de TI — os quais resistem à adoção por todos, à rápida padronização e à difusão por intermédio dos vendedores.[30] Um fabricante que tenha recursos importantes na automação fabril, por exemplo, pode ser capaz de aumentar sua liderança sendo um dos primeiros a adotar sistemas de controle robóticos de última geração. A concorrência pode ser incapaz de adotar sistemas semelhantes, a não ser que faça uma remodelagem geral dos seus processos e fábricas atuais. Ao buscar inovações incrementais, fortemente vinculadas às suas operações do momento, uma empresa pode retardar o ciclo de reprodução da tecnologia.

Às vezes, as empresas iniciantes e outras pequenas empresas terão oportunidades de risco relativamente baixo para capitalizar a nova infraestrutura de TI a fim de obter uma vantagem em relação às empresas líderes do setor. Em negócios que envolvem operações complicadas e idiossincráticas, por exemplo, os concorrentes tradicionais têm sistemas proprietários de informações altamente complexos em operação. Pode ser difícil, senão impossível, que essas empresas consigam substituir rapidamente aqueles sistemas por outros novos — os custos e as dificuldades simplesmente seriam graves demais. Sua incapacidade de perceber rapidamente os benefícios dos avanços na infraestrutura de TI oferece uma abertura competitiva para as empresas recém-chegadas.

O setor das empresas aéreas é um exemplo perfeito. Os enormes investimentos em TI que as grandes empresas fizeram para conseguir administrar melhor o sistema de reservas, precificação, programação de voos, indicação das tripulações, manutenção e assim por diante, as prenderam em determinadas modalidades de operação. E considerando sua tolerância necessariamente baixa a erros e outros problemas — para não mencionar as limitações de regulamentação, mão de obra e questões financeiras —, a mudança desses sistemas e processos tomaria muito tempo. Esse fato permitiu às novas empresas serem as primeiras a adotar os aplicativos de TI com a consciência de que as líderes do setor teriam pouca probabilidade de imitar as inovações rapidamente. Observe, por exemplo, a JetBlue, sediada em Nova York. A empresa desenvolveu seus sistemas para realizar as eficiências oferecidas pela atual infraestrutura de TI cada vez mais aberta e compartilhada. Os seus pilotos usam computadores portáteis em vez de papéis para acompanhar os planos de voo e outras informações vitais. Seus agentes de reservas trabalham em suas casas, em PCs, recebendo as chamadas de pedidos pela internet em vez de usar o caro sistema telefônico tradicional. Não há nada especialmente radical nas tecnologias adotadas pela JetBlue; elas estão todas amplamente disponíveis, acessíveis e são fáceis de implementar. Elas são estrategicamente importantes para a JetBlue só porque os modelos de operações existentes nas empresas da concorrência as impede de adotar rapidamente essas inovações.

É importante manter o sucesso de empresas como a JetBlue em perspectiva. Elas, muitas vezes, são usadas como exemplos de "poder estratégico" da TI. Mas isso não é tão simples assim. Embora as iniciativas da JetBlue sustentem sua vantagem competitiva, a origem dessa vantagem reside não na tecnologia, mas no modelo comercial, especialmente a novidade e a relativa simplicidade das operações dessa empresa aérea. Até o início de 2004, a JetBlue contava com cinquenta aviões em operação, todos do mesmo tipo, para menos de 25 cidades, todas nos Estados Unidos. A American Airlines, uma das suas maiores concorrentes, atendia a cerca de 150 cidades ao redor do mundo com uma frota diversificada de 840 aviões. A JetBlue tinha menos de dez mil funcionários; a American, mais de 112 mil. A força de trabalho da American é de âmbito federal; a da JetBlue não. O fato é que as operações mais complexas requerem sistemas de informações mais complexos — uma questão, na maioria das vezes, desconsiderada quando se compara o desempenho de empresas diferentes. E quando as economias de escala são tão limitadas quanto às do negócio das empresas aéreas — acrescentar voos significa a aquisição de mais aviões e combustível, além de contratar mais tripulações e pessoal de terra —, o custo da complexidade torna-se especialmente oneroso. Em geral, atribuímos depressa demais as vantagens comerciais à tecnologia e demoramos muito para atribuir as vantagens tecnológicas à empresa. Essa tendência é a razão pela qual o potencial para as vantagens com base na TI continuam a ser superestimadas.

Ao discutir as inovações da TI, também é fundamental observar a importância dos esforços conjuntos. Embora faça sentido para a maioria das empresas isoladas adotar uma postura conservadora em relação aos investimentos em TI, pode ser perigoso para toda uma região ou setor pôr um freio nas inovações, especialmente quando as inovações tornam a infraestrutura de TI mais segura, confiável e eficiente. Com o tempo, a região ou o setor que mais demorar para tomar a iniciativa pode se colocar em desvantagem competitiva em relação a outras regiões ou setores. Geralmente, a competição entre os fornecedores, em si, assegura que os avanços na infraestrutura continuem, mas nem sempre esse é o caso. Seria sensato, portanto, que as empresas pensassem não só nos seus próprios interesses estratégicos, mas também nos interesses mais amplos da sua região ou setor. Em especial, grupos de empresas podem querer trabalhar em conjunto para fazer os melhoramentos na infraestrutura de TI que beneficiem a todos. A dispersão dos custos e de outros riscos das inovações de TI faz sentido quando for pouco provável que as inovações ofereçam vantagem a qualquer empresa.

Concentre-se mais nas vulnerabilidades do que nas oportunidades

O excesso de gastos pode ser o maior risco imediato relacionado à infraestrutura de TI, mas está longe de ser o único. A TI pode levar a muitos perigos operacionais — defeitos técnicos, obsolescência, falta de assistência, fornecedores e parceiros não confiáveis, vermes e vírus, falhas de segurança, spam, revelação de dados confidenciais, ataques à própria rede de serviços, até mesmo terrorismo —, e alguns são aumentados na medida em que as empresas mudam de sistemas proprietários fortemente controlados para outros abertos e compartilhados. À medida que os sistemas corporativos tornam-se acessíveis por meio da internet, por exemplo, os ataques a websites e redes proliferam. Atualmente, estima-se que nove entre dez empresas sofrem intrusões não autorizadas em suas redes corporativas todo ano, com o custo total dos prejuízos chegando a 17 bilhões de dólares anualmente. Até mesmo o verme relativamente benigno Code Red, que infectou milhares de servidores que usavam o Windows da Microsoft, em 2001, custou às empresas em todo o mundo cerca de 2,6 bilhões de dólares.[31]

Os transtornos relativos à TI não são apenas dispendiosos; eles podem paralisar a capacidade da empresa de fabricar seus produtos, oferecer seus serviços e se conectar com os clientes, para não mencionar os danos à sua reputação. Ainda assim, poucas empresas se deram o trabalho de identificar e neutralizar suas vulnerabilidades. Enquanto nenhuma empresa puder assumir todos os riscos da computação, algumas medidas básicas podem ajudar a reduzir os perigos e a conter o potencial dos danos. Em primeiro lugar, e talvez mais importante, há a necessidade de ter alguém responsável pela integridade dos sistemas da empresa. A segurança não acontece por princípio. As grandes empresas talvez devam designar um executivo a garantir a segurança de TI em tempo integral; as empresas menores podem querer incorporar explicitamente a segurança entre as responsabilidades de um executivo existente da área comercial ou tecnológica, talvez até mesmo seu chefe-executivo da área financeira. Em segundo lugar, as empresas precisam discriminar e priorizar meticulosamente seus riscos de TI por meio de, por exemplo, auditorias regulares de segurança. Elas precisam considerar as ameaças não só provenientes do lado de fora dos seus muros, mas também do lado de dentro, uma vez que muitos problemas de TI originam-se de funcionarios vingativos ou descuidados. Em terceiro lugar, um programa integrado de combate aos riscos, envolvendo o pessoal interno, fornecedores de TI, empresas de segurança terceirizada e medidas de segurança estabelecidas e executadas, com ênfase especial na educação de todos os funcionários sobre as vulnerabilidades da TI e estabelecimento das suas responsabilidades específicas. Finalmente, as empresas precisam aumentar a importância — e as remunerações — da manutenção de sistemas seguros. Preocupar-se com o que pode dar errado pode não ser um trabalho tão glamuroso quanto especular sobre os avanços futuros na TI, mas é um cargo mais essencial no momento.

Reduzir as vulnerabilidades geralmente tem importantes implicações organizacionais. Atualmente, muitas empresas continuam a dar liberdade considerável às unidades comerciais isoladas na escolha e gerenciamento dos seus próprios equipamentos e programas, e na contratação dos seus funcionários de TI. Essa postura descentralizadora pode trazer benefícios importantes, fortalecendo a capacidade de responder comercialmente melhor ao mercado e mantendo a burocracia corporativa na mira. Mas isso também pode proporcionar riscos consideráveis — como o aumento das possibilidades de sistemas incompatíveis, a redução do poder de compra e o enfraquecimento da segurança dos sistemas de informações da empresa como um todo. Embora possa ser um exagero sugerir que todas as empresas mudem para um controle central rigidamente imposto em relação a seus ativos e pessoal de TI, está claro que os riscos de uma postura descentralizadora são cada vez maiores. Toda empresa deveria considerar seriamente sua organização de TI com vistas a impor controles e uma supervisão rígida, sem perder a sensibilidade às diferentes necessidades de suas unidades comerciais. Essa certamente pode ser uma atividade desafiadora, mas o que está em jogo é muito importante para deixar o assunto de lado.

Na medida em que as empresas deixam de se preocupar com as aquisições e a manutenção de partes distintas de equipamentos e programas para administrar uma infraestrutura integrada complexa, a importância do pessoal técnico responsável não pode ser desconsiderada. Embora os executivos da empresa precisem assumir a responsabilidade direta pela eficiência, eficácia e segurança dos ativos de TI da organização, não dá para contornar o fato de que instalar, manter e proteger os sistemas requer um profundo e especializado conhecimento técnico. Até o momento, os executivos da direção das empresas tinham uma tendência a considerar os trabalhadores da área de TI como partes genéricas, intercambiáveis — como técnicos indistintos — do que como pessoas especiais com aptidões e uma formação amplamente variável. Essa perspectiva precisa mudar. À medida que as empresas mudam seu foco para além das implicações estratégicas dos sistemas de equipamentos e programas de computação e da maneira como esses sistemas são empregados, as habilidades e os conhecimentos do pessoal da área de TI tornam-se mais, não menos, importantes.

Ao mesmo tempo, é provável que o modo como os especialistas de TI são designados mude radicalmente. À medida que o controle sobre a infraestrutura de TI continua a mudar dos usuários para os fornecedores, cada vez mais cargos tradicionais na área de TI serão desempenhados a distância, por empresas terceirizadas, e os departamentos internos de TI provavelmente vão encolher. Além da ampla experiência técnica, portanto, os funcionários da área de TI remanescentes precisarão desenvolver um conhecimento mais aprofundado nas artes da negociação, para barganhar de maneira eficaz com os fornecedores, e de administração, para coordenar o trabalho de uma força de trabalho heterogênea e integrada a distância. Atualmente, não há maneira melhor de reduzir os riscos com a TI do que atrair e reter os melhores talentos na área.

Quanto aos executivos de TI de mais alto nível na organização, eles precisam assumir a liderança no sentido de promulgar um novo sentido de realismo sobre os pontos fortes e as limitações quanto à TI. O realismo é especialmente importante no planejamento da TI. Continuar presumindo que a TI tem uma importância estratégica geralmente leva a um excesso de otimismo nas previsões dos retornos de novos investimentos, levando as empresas a gastarem demais e muito cedo. Ao avaliar as propostas de despesas, não é suficiente fazer cálculos de retorno sobre o investimento. Os CIOs também precisam assumir a liderança no sentido de que sua organização pense com clareza sobre como a concorrência irá reagir e o que essas reações irão significar para as margens e os lucros. Em particular, eles precisam considerar seriamente se as economias de custos ou os ganhos com economias em produtividade projetados irão parar nos resultados financeiros finais da empresa ou na mão dos consumidores. E eles precisam avaliar de maneira objetiva se todos os ganhos em receita antecipada serão verdadeiramente defensáveis.

A meta profissional suprema do CIO pode muito bem ser tornar-se obsoleto, para tornar a infraestrutura de TI tão estável e robusta, tão natural, que não requeira mais um gerenciamento efetivo de alto nível. Max Hopper, o executivo da American Airlines que supervisionou o sistema Sabre, durante a década de 1970, e tornou-se o gerente de TI de mais alto nível da empresa, viu os sinais do futuro já em 1990, quando corajosamente previu que os sistemas de informações viriam a "ser considerados mais como a rede elétrica ou os sistemas de telefonia do que como uma fonte de vantagem organizacional. Nesse mundo, uma empresa que alardeie a indicação de um novo chefe-executivo de informações parecerá antiquada como uma empresa atual indicando um novo vice-presidente para água ou gás. As pessoas como eu serão bem-sucedidas quando seu cargo não for mais necessário. Só então nossas organizações serão capazes de aproveitar plenamente os recursos da TI".[32] Ainda estamos longe de realizar a visão de Hopper, mas chegar lá continua sendo uma meta valiosa para os executivos de TI.

A exemplo de toda receita de sucesso empresarial, as quatro diretrizes expostas neste capítulo — gastar menos; acompanhar, não liderar; inovar quandos os riscos forem baixos; e preocupar-se mais com as vulnerabilidades do que com as oportunidades — devem ser consideradas com certa desconfiança. Toda empresa precisa fazer suas próprias escolhas com base em uma avaliação dos objetivos em relação aos seus desafios, circunstâncias e necessidades específicas. Em certos momentos, será mais importante para a empresa investir mais em um determinado sistema ou recurso de TI ou até mesmo adotar uma estratégia e inovação pioneiras. A maioria das empresas, porém, serão mais bem servidas adotando uma perspectiva de que a TI deve ser administrada como um insumo, não como um ativo de valor estratégico. A chave do sucesso para a maioria de empresas não é mais buscar a vantagem competitiva de maneira agressiva, mas administrar meticulosamente os custos e os riscos. Na esteira da crise da internet, muito executivos já começaram a adotar uma postura mais conservadora em relação à

TI, gastando mais frugalmente e pensando mais de maneira pragmática. Eles estão no caminho certo. O desafio será manter essa disciplina enquanto o ciclo comercial se fortalece e o coro de promoção exagerada sobre o valor estratégico da TI volta a subir.

Notas

1. Veja Bernard L. Weinstein e Terry L. Clower. "The impacts of the Union Pacific service disruptions on the Texas and national economies: an unfinished story", relatório preparado para a Comissão Ferroviária do Texas pelo Centro de Desenvolvimento e Pesquisa Econômica da Universidade do Norte do Texas Center, 9 fev. 1998.
2. Robert Ristelhueber e Jennifer Baljko Shah. "Energy crisis threatens Silicon Valley's growth", *EBN*, 19 jan. 2001. Disponível em: <http://www.ebnonhne.com/story/OEG20010119S0033>. Acesso em: 11 ago. 2003.
3. Veja, por exemplo, John Baschab e Jon Piot. *The executive's guide to information technology*. Hoboken, Nova Jersey: John Wiley, 2003, p. 9-11.
4. Standish Group. "The chaos report (1994)", relatório do grupo Standish, 1994.
5. Standish Group. "Chaos: a recipe for success", relatório do grupo Standish, 1999.
6. KPMG. "Project risk management: information risk management". Londres: KPMG UK, jun. 1999.
7. Richard Waters. "Corporate computing tries to find a new path". *Financial Times*, 4 jun. 2003.
8. James L. McKenney, com Duncan C. Copeland e Richard O. Mason, *Waves of change: business evolution through information technology*. Boston: Harvard Business School Press, 1995, p. 23.
9. Richard Waters. "Corporate computing tries to find a new path".
10. Ibid.

11. Carol Hildebrand. "Why squirrels manage storage better than you do", *Darwin*, abr. 2003. Disponível em: <http://www.darwimnag.com/read/040102/squirrels.html>. Acesso em: 10 jan. 2003.

12. Barbara DePompa Reimers. "Five cost-cutting strategies for data storage". *Computerworld*, 21 out. 2002. Disponível em: <http://www.computerworld.com/hardwaretopics/storage/story/0,10801,75221,00.html>. Acesso em: 5 fev. 2003.

13. Veja Christopher Koch. "Your open source plan". *CIO,* 15 mar. 2003, p. 58.

14. Richard Waters. "In search of more for less". *Financial Times,* 29 abr. 2003.

15. Robin Gareiss, "Chief of the Year: Ralph Szygenda". *Information Week,* 2 dez. 2002. Disponóivel em: <http://www.informationweek.com/story/IWK20021127S0011>. Acesso em: 23 jul. 2003.

16. William M. Bulkeley. "CIOs boost their profile as they become cost cutters". *Wall Street Journal,* 11 mar. 2003.

17. Koch. "Your open source plan", p. 58-59.

18. Matt Berger. "LinuxWorld: Amazon.com clicks with Linux". *Computer-world*, 14 ago. 2002. Disponível em: <http://www.computerworld.com/managementtopics/roi/story/0,10801,73617,00.html>. Acesso em: 22 jul. 2003.

19. Fiona Harvey. "Michael Dell of Dell Computer". *Financial Times,* 5 ago. 2003.

20. John Chambers. "The 2nd Industrial Revolution: why the internet changes everything", pronunciamento no Oracle AppsWorld 2001, Nova Orleans, 20-23 fev. 2001. Disponível em: <http://www.it-global-forum.org/panamit/dscgi/ds.py/Get/File-1056/Page_45-58_Oracle_Bus Report.pdf>. Acesso em: 15 jul. 2003.

21. Grady Means. "Economics' new dimensions: why they're extreme, dramatic and radical", pronunciamento no Oracle AppsWorld 2001, Nova Orleans, 20-23 fev. 2001. Disponível em: <http://www.it-global forum.org/panarnit/dscgi/ds.py/Get/File-1056/Page-45-58-Oracle-Bus_Report.pdf>. Acesso em: 15 jul. 2003.

22. Veja Charles Haddad. "UPS vs. FedEx: ground wars". *BusinessWeek*, 21 mai. 2001, p. 64.

23. Alinean, "Spending trends of best and worst performing companies", correspondência com o autor, mar. 2003. A Alinean também realizou uma análise semelhante de 1.500 empresas europeias. Nessa análise, ela descobriu que as empresas com melhor desempenho gastaram consideravelmente menos em TI em relação à porcentagem da sua receita (2,15%) do que a média (7,3%). Veja Alinean, "North American companies outshine European peers in IT spending efficiency", divulgação à imprensa da Alinean, 4 mar. 2003. Observe que as medidas que se destacam em estudos como esses são médias e não devem ser consideradas como indicações do mercado. A necessidade de gastos varia com a empresa, dependendo do seu setor, da sua situação competitiva, dos seus gastos no passado e assim por diante.

24. Tom Pohlmann, Christopher Mines e Meredith Child. *Linking IT spend to business results,* relatório do instituto Forrester Research, out. 2002.

25. McKinsey Global Institute. "Whatever happened to the new economy?", relatório do McKinsey Global Institute, nov. 2002.

26. Rod Newing e Paul Strassman."Watch the economics and the risk, not the technology". *Financial Times,* 5 dez. 2001.

27. Tim Phillips. "The bulletin interview: Larry Ellison". *The Computer Bulletin*, jul. 2002. Disponível em: <http://www.bcs.org.uk/pubhcat/ebull/july02/intervie.htm>. Acesso em: 7 jan. 2003.

28. Jonathan Collins. "The cost of Walmart's RFID edict". *RFID Journal,* 10 set. 2003. Disponível em: <http://www.rfidjournal.com/article/view/572/1/1/>. Acesso em: 1 out. 2003.

29. Carol Sliwa. "Wal-Mart suppliers shoulder burden of daunting RFID effort". *Computenvorld,* 10 nov. 2003. Disponíovel em: <http://www.computerworld.com/news/2003/story/0,11280,86978,00.html> Acesso em: 25 nov. 2003.

30. Em uma nota relativa ao assunto, a pesquisa do McKinsey Global Institute mostra que as empresas tendem a obter os maiores aumentos de produtividade a partir de aplicativos de TI que são especializados no seu segmento. As tecnologias adotadas pelas empresas, como os sistemas de

ERP, têm muito menos impacto sobre o desempenho. McKinsey Global Institute. "Whatever happened to the new economy?", p. 29.

31. Veja Robert D. Austin e Christopher A. R. Darby. "The myth of secure computing". *Harvard Business Review,* jun. 2003, p. 120-121.

32. Max D. Hopper. "Rattling SABRE-new ways to compete on information". *Harvard Business Review*, mai./jun. 1990, p. 125.

CAPÍTULO 7

Um sonho de máquinas maravilhosas
A compreensão, e a interpretação errônea, da mudança tecnológica

A decisão da J. Lyons & Company de produzir o primeiro computador comercial, em 1947, permanece como um dos grandes feitos da inovação empresarial, um triunfo da antevisão e da criatividade administrativa. E a decisão compensou plenamente à empresa, capacitando-a a automatizar processos empresariais que exigiam muito trabalho anos à frente da concorrência. Mas apesar de toda sua potência e velocidade, o computador LEO não foi capaz de salvar a Lyons da obsolescência. As casas de chá da empresa, um produto básico da vida inglesa antes da Segunda Guerra Mundial, lentamente foram perdendo o interesse depois da guerra à medida que o paladar e a rotina dos consumidores mudavam. O computador proporcionou grandes benefícios operacionais para a Lyons, mas, no final, como se recordou posteriormente um dos funcionários da empresa, ele foi "incapaz de impedir o declínio da popularidade das casas de chá e, portanto, da sua lucratividade".[1] Em 1978, a empresa desapareceu, engolida por uma cervejaria.

Em uma entrevista retrospectiva concedida aos pesquisadores do Museu de Ciência de Londres, John Simmons, o diretor-executivo da Lyons durante a época em que o LEO foi projetado e fabricado, recordou as esperanças originais da empresa em relação à computação: "Sonhávamos com uma máquina maravilhosa em que tudo o que precisássemos fazer fosse inserir o papel e apertar botões para obter todas as respostas que quiséssemos; foi uma grande ingenuidade".[2] O sonho pode ter sido ingênuo, mas a Lyons não foi nem a primeira nem a última empresa a ter esse sonho. É difícil resistir ao fascínio da tecnologia, em especial da tecnologia de infraestrutura amplamente adotada, e esse fascínio explica em grande parte as esperanças desmedidas que as pessoas às vezes depositam sobre computadores.

Por assinalar um rompimento em relação ao passado, a chegada de uma nova tecnologia de infraestrutura estimula as especulações quanto ao futuro. Ela abre uma clareira intelectual em que a imaginação tem liberdade para criar, sem as limitações das regras e experiências do passado. Os futuristas criam cenários sofisticados de paraísos iminentes (ou, de maneira menos comum, infernos) e toda nova visão do futuro serve como base para conjecturas radicais. Ansiosa pela grandeza, nem que seja de natureza conceitual, a imprensa se apressa a promover todas as novas teorias, atribuindo uma credibilidade infundada até mesmo às promessas mais extravagantes. Em pouco tempo, todo o público é dominado pela empolgação, irmanando-se em um inebriante sonho comunal de renovação. O historiador David Nye explica esse fenômeno — e suas consequências inevitáveis — em seu livro *Electrifying America* [Eletrificando a América]:

> No início os americanos acreditaram que a eletricidade os libertaria da labuta, como profetizava a imprensa popular. [...] Previsões extravagantes sobre o futuro eletrificado eram parte integrante do

significado social da nova tecnologia. Os americanos descobriram que poderiam usar a eletricidade para abolir o sono, curar doenças, perder peso, aumentar a inteligência, eliminar a poluição, banir o trabalho doméstico e muito mais. Mas poucas das previsões de amadores e "especialistas", de Edison aos tecnocratas, concretizaram-se, na medida em que o verdadeiro desenvolvimento das tecnologias elétricas raramente realizou as expectativas.[3]

Embora a TI seja uma tecnologia muito menos revolucionária do que a eletricidade, ainda assim ela causou uma versão especialmente extrema desse fenômeno, que culminou no fervor milenar da década de 1990, quando as visões de utopias digitais tornaram-se um lugar-comum. Com fervor quase religioso, os metafísicos da internet prometiam nos libertar da carga e das limitações no nosso eu físico e nos introduzir em um novo e purificado mundo do ciberespaço. O sentimento de uma revolução iminente rapidamente se disseminou para o campo empresarial, na medida em que a noção do comércio virtual tomou conta da imaginação de executivos e investidores. Os autores de *Unleashing the killer app* [Soltando o aplicativo matador] captaram bem as peculiaridades do momento, em 1998, quando classificaram a internet como uma "sopa primordial" da qual surgiria todo um novo mundo comercial. Fazer a transição para esse mundo novo não seria tão difícil, eles nos asseguravam: "Uma vez que as corporações são elas próprias seres imaginários, fazer negócios em um ambiente virtual requer relativamente pouco em matéria de adaptação."[4]

Afirmações extravagantes assim tornaram-se mais raras desde que a rápida expansão da internet começou a declinar. Mas ainda hoje, o desejo de ver a TI como uma força revolucionária que "muda tudo" continua forte. Um colunista do jornal *Toronto Globe and Mail* nos diz que, embora a importância da internet possa decair, "outra onda, a que chamo de hypernet, está começando a se formar".[5] A revista *BusinessWeek* anuncia o surgimento de "um sistema nervoso digital global cujo impacto potencial parece quase ilimitado".[6] Um grupo de consultores de TI afirma que um novo e mágico tipo de programa de computador para a "administração dos processos comerciais" permitirá que os executivos remodelem suas organizações com alguns cliques do mouse.[7] Separar o real do fantástico continua sendo um verdadeiro desafio.

Seria, portanto, adequado terminar este livro dando um passo atrás e avaliando, em termos amplos, o verdadeiro impacto da TI, não apenas sobre as empresas, mas também sobre a sociedade em geral. Infelizmente, isso é muito mais fácil de falar do que de fazer. Embora já nos encontremos há cinco décadas dentro da chamada revolução dos computadores, ainda é difícil julgar com alguma precisão a extensão e a forma dos efeitos da TI. Será que ela foi realmente transformadora? Algum dia se tornará verdadeiramente transformadora? O fato é que não somos capazes ainda de responder a essas perguntas com certeza. O melhor que podemos fazer é separar o que sabemos do que não sabemos, e olhar para a frente com um misto de curiosidade, ceticismo e humildade.

Certamente, a presença generalizada da TI é impressionante. Os computadores estão por toda parte, e parecem fazer quase tudo. Eles têm cálculos simplificados de todos os tipos e nos deram fácil acesso a enormes bancos de informações. Conectados pela internet, eles mudaram nossa maneira de nos comunicar, coletar informações e, em alguns casos, fazer compras e executar outras transações diárias. Aplicando sua enorme capacidade de computação, as empresas automatizaram infinitas tarefas que costumavam ser feitas manualmente, acelerando muitas atividades, e geralmente reduzindo os custos de maneira substancial. Mas será que a TI mudou *fundamentalmente* o modo como vivemos hoje? É difícil sustentar a opinião de que sim. Se tomássemos alguém, digamos, da década de 1930 e o colocássemos no mundo atual, ele seria capaz de entender o que vê? A resposta é sim. As estruturas, instituições e rotinas básicas da sociedade e do comércio, incluindo as organizações e os processos empresariais, não mudaram tanto quanto possamos pensar. Ainda somos em grande parte os filhos da Segunda Revolução Industrial.

Na realidade, comparadas às mudanças cataclísmicas na sociedade e nos negócios proporcionadas pelas novas tecnologias do final do século XIX — não só as ferrovias, o telégrafo, o telefone e a eletricidade, mas também o motor de combustão interna, a refrigeração, o ar-condicionado, a fotografia e a água encanada e o sistema de esgotos —, as mudanças proporcionadas pelas novas tecnologias do final do século XX parecem modestas, uma extensão do passado mais do que um rompimento com ele. A vida é impensável sem os avanços do século XIX. O mesmo não pode ser dito da TI. Pergunte-se o que você faria sem: seu computador ou o vaso sanitário? A sua conexão com a internet ou as lâmpadas da sua casa?[8]

Mesmo o papel da TI de aumentar a produtividade continua sendo tema de debates. Ao longo das primeiras quatro décadas da grande expansão da TI, o crescimento da produtividade não alterou seu ritmo vagaroso, levando o economista Robert Solow à sua famosa observação de 1987: "Pode-se ver a era dos computadores em toda parte menos nas estatísticas da produtividade".[9] O aumento súbito na produtividade durante o final da década de 1990 pareceu solucionar o "paradoxo da produtividade" de Solow, evidenciando afinal o poder da TI de impulsionar a produção industrial sem exigir um aumento equivalente de insumos. Novos estudos acadêmicos foram publicados documentando, de maneira convincente, a ligação entre a computadorização e a produtividade. Um relatório de fevereiro de 2000, de autoria de dois economistas do Banco Central norte-americano, por exemplo, sustentava que, embora o uso de computadores "tenha feito uma contribuição relativamente pequena" ao crescimento da produtividade no início da década de 1990, "essa contribuição aumentou na segunda metade da década". Os pesquisadores concluíram que "a tecnologia da informação foi o fator fundamental por trás do aumento da produtividade".[10]

Em um pronunciamento em 6 de março de 2000, o normalmente cauteloso presidente do Banco Central norte-americano, Alan Greenspan, atribuiu explicitamente "a retomada do crescimento da produtividade" à "revolução na tecnologia da informação". Ele chegou ao ponto de afirmar o que na época parecia óbvio:

> No fim das contas, os benefícios das novas tecnologias podem ser entendidos apenas se forem incorporados ao investimento de capital, definido como qualquer desembolso que aumente a rentabilidade da empresa. Para que se façam esses investimentos, a taxa de retorno futuro deve exceder o custo do capital. As sinergias tecnológicas ampliaram o conjunto dos investimentos de capital produtivo, ao passo que a valorização do patrimônio e os preços declinantes dos equipamentos de alta tecnologia reduziram o custo do capital. O resultado foi uma verdadeira explosão de gastos com equipamentos de alta tecnologia e de programas de computação, o que aumentou sensivelmente o crescimento do valor das ações ao longo dos últimos cinco anos. O fato de

que o aumento súbito com os gastos de capital ainda continuem fortes indica que as empresas continuam a encontrar uma vasta gama de investimentos potenciais com elevada taxa de retorno e para o aumento da produtividade. E eu não vejo nada indicando que essas oportunidades irão se esgotar em um futuro próximo.[11]

Conforme se revelou, os comentários entusiasmados de Greenspan assinalaram o pico tanto do mercado financeiro otimista como da alta momentânea dos gastos. Conforme viemos a perceber, acima de tudo, muitos dos investimentos em TI "com altas taxas de retorno" da década de 1990 acabaram não produzindo retorno nenhum para as empresas que os aplicaram — grande parte do que foi adquirido não foi sequer usado. Isso não quer dizer, de maneira geral, que a imensa expansão do capital em ações de TI não acabasse por compensar a economia como um todo, levando a uma produtividade global superior e a melhores padrões de vida. Na realidade, a expansão fortemente continuada da produtividade americana desde a virada do século parece ser, em grande parte, um produto dos investimentos em TI na década de 1990, o que permitiu às empresas produzir mais com menos funcionários.[12]

Ainda assim, subsiste uma grande incerteza sobre a natureza da força da ligação entre a TI e a produtividade. Por que, sempre se pergunta, existem alguns países e setores que investiram pesadamente em TI e tiveram um considerável aumento na produtividade ao passo que outros grandes investidores não experimentaram os mesmos resultados? As discrepâncias no aumento da produtividade da década de 1990 foram bem documentadas pelo McKinsey Global Institute. Seu estudo sobre o crescimento da produtividade durante a década revelou que a maior parte dos ganhos concentrou-se em apenas poucos setores, especialmente aqueles envolvidos na produção de computadores e produtos correlatos. O instituto McKinsey descobriu que três setores relacionados à TI — semicondutores, montagem de computadores e telecomunicações — contribuíram com 36% da produtividade de 1993 até 2000, muito embora representassem 8% da economia norte-americana. Três outros setores — varejo, atacado e corretagem de títulos — contribuíram com mais 40% do crescimento da produtividade, embora representassem apenas 24% da economia. No total, portanto, seis setores representando 32% do produto interno bruto responderam por 76% do crescimento da produtividade. Todos os outros setores tiveram ganhos superficiais ou mesmo declínio.

Entre os seis setores que mostraram crescimento especialmente rápido na produtividade, a TI foi "um dos muitos fatores que contribuíram para o salto, de acordo com o instituto McKinsey. Embora o uso inovador da TI fosse certamente muito importante, o "catalisador decisivo" foi, simplesmente, "a intensidade competitiva elevada", que forçou os administradores a buscarem todos os tipos de meios criativos para aumentar a eficiência da empresa.[13] Talvez o mais impressionante tenha sido que o instituto McKinsey descobriu apenas um setor em que a internet originou um aumento material na produtividade. E qual foi esse setor? Ironicamente, foi o de corretagem de títulos, que ganhou um aumento significativo da comercialização de ações on-line — a verdadeira inovação que se tornou um símbolo dos excessos dessa época.[14]

Em seus extensos estudos sobre o papel da TI no crescimento da produtividade, Erik Brynjolfsson e Lorin Hitt também enfatizam a importância dos "investimentos complementares". Normalmente são precisos muitos anos, mostram eles, para que a TI aumente substancialmente a produtividade de uma empresa, e os ganhos giram muito mais em torno de processos correlatos e inovações organizacionais do que da própria tecnologia original. Na realidade, escrevem eles, os "investimentos complementares em 'capital organizacional' [...] podem ser até dez vezes maiores do que os investimentos diretos em computadores".[15] O consenso formado entre os economistas parece ser de que em alguns setores a TI pode impulsionar a produtividade consideravelmente, até mesmo de maneira radical, mas apenas quando se combina com mudanças mais amplas nos procedimentos da empresa, na competição e no controle exercido pela regulamentação. Isoladamente, ela tende a ser inerte.

Determinar a influência da TI na produtividade é fundamental. Ajuda os economistas e políticos a fazerem estimativas mais exatas sobre as condições econômicas futuras, e ajuda a orientar as decisões governamentais sobre como e onde investir, e, então, promover a expansão da infraestrutura de TI regionais e nacionais. Mas além da questão do efeito da TI sobre a produtividade há outros problemas importantes, muitos do quais não têm recebido atenção suficiente.

Como ocorreu com tecnologias de infraestrutura anteriores, pesados investimentos em TI levaram ao que os economistas chamam de "aprofundamento de capital" dentro das empresas — a substituição da mão de obra por equipamentos. Simplificando, os computadores têm ocupado o trabalho que costumava ser feito por pessoas. Quando o crescimento econômico é forte — quando os resultados são mais rápidos do que a produtividade — esse tipo de opção comercial compensa não só para as empresas isoladas, mas para a economia como um todo e, portanto, para toda a sociedade. O setor comercial torna-se constantemente mais eficiente, os trabalhadores deslocados mudam para novos empregos e os padrões de vida, em geral, aumentam.

Mas se o crescimento da produtividade seguir à frente do crescimento econômico, uma dinâmica econômica muito diferente e bem menos atraente pode se manifestar. O número de empregos pode começar a declinar e, assim, o desemprego aumentar, a oferta de mercadorias pode superar a demanda, os preços podem cair e a divisão entre os ricos e pobres pode aumentar e se aprofundar. Vale a pena notar que temos visto sinais de todos esses fenômenos na história recente da economia americana. Seria precipitado concluir que os fortes ganhos em produtividade resultantes dos investimentos em TI acabarão fazendo tanto mal quanto bem — a resiliência da economia norte-americana é difícil de precisar —, mas também seria precipitado descartar a possibilidade imediata.

Se, na verdade, considerarmos a segunda metade do século XIX, encontraremos um precedente preocupante. Na década de 1870, o mundo também emergia dos excessos de gastos motivados pela tecnologia. A rápida expansão das ferrovias, dos transportes marítimos e das linhas telegráficas abriu as portas para o livre comércio mundial e inspirou um enorme investimento de capital. A combinação resultante da produção rapidamente crescente, do impulso na produtividade, da competição feroz e da superação da capacidade industrial, em todos os sentidos, estabeleceu o cenário para praticamente três décadas concretas de deflação, apesar da expansão continuada da economia mundial. Na Grã-Bretanha, que representava o poder econômico dominante na época, o nível global dos preços caiu para um patamar assustador de 40%.[16] Nos Estados Unidos, os preços da maioria dos produtos diminuiu sucessivamente de 1867 a 1897.

A profecia do redator da *Mechanics Magazine* — "maiores serão os preços baixos de tudo" — veio a acontecer, embora com efeitos diferentes e mais complexos do que ele imaginara. Os lucros caíram juntamente com os preços, e as empresas se prejudicaram. Enquanto a doença econômica se espalhava, a crença em oportunidades comerciais ilimitadas assumida nos anos intermediários do século se esvaiu. Os trabalhadores perderam o emprego, os camponeses e operários se rebelaram e os países começaram a reconstruir os obstáculos ao comércio. Conforme observou o historiador D. S. Landes: "O otimismo em relação ao futuro de um progresso indefinido deu lugar à incerteza e a uma sensação de agonia".[17]

O mundo é muito diferente hoje em dia, é claro. Compreendemos a dinâmica da economia mundial melhor do que nossos antepassados do século XIX, e temos mecanismos melhores para monitorar o comércio e as negociações. É improvável que a história se repita. De qualquer maneira, é importante lembrar que a introdução de uma nova tecnologia de infraestrutura pode ter consequências complexas e muitas vezes imprevisíveis. Não devemos descuidar quanto à intensificação das pressões deflacionárias, à mudança de ocupações de alta especialização para a mão de obra barata em outros países e à erosão de vantagens competitivas tradicionais. Embora a TI não mude tudo, ela está mudando muitas coisas. Algumas das mudanças são para melhor e algumas para pior, mas todas exigem muita atenção.

Notas

1. Caminer et al. *LEO: the incredible story of the world's first business computer.* Nova York: McGraw-Hill, 1998, p. 228.

2. Ibid., p. 363.

3. David E. Nye. *Electrifying America: social meanings of a new technology.* Cambridge: MIT Press, 1990, p. 386.

4. Larry Downes e Chunka Mui. *Unleashing the killer app: digital strategies for market dominance*. Boston: Harvard Business School Press, 1998, p. 31.

5. David Ticoll. "In writing off IT, you write off innovation". *Toronto Globe and Mail*, 29 maio 2003.

6. Robert D. Hof. "The quest for the next big thing". *Business Week*, 18-25 ago. 2003, p. 92.

7. Howard Smith e Peter Fingar, dois dos mais ardentes proponentes da Gestão de Negócios por Processos (BPM), explicaram o conceito em um ensaio de 2003, intitulado "21st century business architecture": "Ao representar os processos comerciais de maneira matematicamente formalizada, os processos desenvolvidos em uma parte da empresa, ou por um parceiro da empresa, podem ser interligados, combinados e analisados em tempo real, oferecendo a base para a verdadeira empresa por trás do seu slogan em tempo real l [...] Quando o técnico responsável pelo processo empresarial aperta o botão de execução, a parte executiva do sistema assistida por computador implementa de fato o processo final e decisivo para a missão através dos diversos sistemas existentes na empresa e por toda a cadeia de rentabilidade." Disponível em: <http://www.bpmi.org/bpmi-library/D7B509F211.BPM21CArch.pdf>. Acesso em: 29 set. 2003.

8. Essas perguntas fazem eco às propostas por Robert J. Gordon em um artigo de 2000: "A revolução nas informações provocada pelos computadores produzirá uma mudança tão grande nas condições quanto as maiores invenções do final do século XIX e início do século XX? No plano intuitivo, parece improvável. Por exemplo, podemos reunir um grupo de moradores de Houston e perguntar: 'Se pudessem escolher apenas uma dentre as duas invenções a seguir: o ar-condicionado ou a internet, qual escolheriam?' Ou poderíamos perguntar a um grupo de moradores de Mineápolis: 'Se pudessem escolher apenas uma das duas seguintes invenções, o encanamento de água e esgotos ou a internet, qual escolheriam?'" Veja Gordon. "Does the new economy measure up to the great inventions of the past?". *Journal of Economic Perspectives* 4, n. 14, outono, 2000, p. 60.

9. Robert M. Solow. "We'd better watch out". *Nova York Times Book Review*, 12 jul. 1987, p. 36.

10. Stephen D. Oliner e Daniel E. Sichel. "The resurgence of growth in the late 1990s: is information technology the story?" Documento da diretoria do Banco Central americano, fev. 2000, p. 27. (Publicado posteriormente no *Journal of Economic Perspectives,* n. 14, outono, 2000, p. 3-22.)

11. Alan Greenspan. "The revolution in information technology", comentários perante a Conferência sobre Nova Economia na Faculdade de Boston, 6 mar. 2000. Disponível em: <http://www.federalreserve.gov/BOARD DOCS/SPEECHES/2000/20000306.htm>. Acesso em: 5 ago. 2003.

12. Veja, por exemplo, Robert J. Gordon. "Five puzzles in the behavior of productivity, investment, and innovation", rascunho do capítulo para o Fórum Econômico Mundial, relatório sobre a Competitividade Mundial, 2003-2004, 10 set. 2003. Disponível em: <http://faculty-web.at.northwestern.edu/economics/gordon/WEFTEXT.pdf>. Acesso em: 13 out. 2003.

13. McKinsey Global Institute. "Whatever happened to the new economy?". San Francisco: McKinsey & Company, nov. 2002, p. 4.

14. William W. Lewis et al. "What's right with the US. economy". *McKinsey Quarterly,* n. 1 2002. Disponível em: <http://www.mckinseyquarterly.com/article_page.asp?L2=19&L3=67&ar=1151&pagenum=1>. Acesso em: 23/ ago. 2003.

15. Erik Brynjolfsson e Lorin Hitt. "Computing productivity: firm-level evidence", relatório do *MIT Sloan* 4210-01, jun. 2003, p. 2.

16. Eric Hobsbawm. *The age of empire, 1875-1914.* Nova York: Vintage, 1989, p. 37.

17. David S. Landes. *The unbound prometheus.* Londres: Cambridge University Press, 1969, p. 240-241.

Referências
Obras consultadas

ALINEAN. North American companies outshine european peers in IT spending efficiency. Divulgação à imprensa da Alinean, 4 mar. 2003.

AMERICAN Hospital Supply Corporation: the ASAP System (A). Estudo de caso comercial da Faculdade de Harvard, n. 9-186--005, 1988.

AUSTIN, Robert D.; DARBY, Christopher A. R. "The myth of secure computing". *Harvard Business Review,* jun. 2003, p. 120-126.

BAIN, David Haward. *Empire express: building the first transcontinental railroad.* Nova York: Viking, 1999.

BARTHOLOMEW, Doug. "Yes, Nicholas, IT *does* matter". *IndustryWeek.* 1º set. 2003. Disponível em: <http://www.industryweek.com/Columns/Asp/columns.asp?ColunmId=955>. Acesso em: 5 out. 2003.

BASCHAB, John; PIOT, Jon. *The executive's guide to information technology.* Hoboken, NJ: John Wiley, 2003.

BERGER, Matt. "LinuxWorld: Amazon.com Clicks with Linux". *Computerworld,* 14 ago. 2002. Disponível em: <http://www.computerworld.com/managementtopics/roi/story/0,10801,73617,00.html>. Acesso em: 22 jul. 2003.

BLACKSTONE Technology Group-Expertise. Disponível em: <http://www.bstonetech.com/Expertise_4.asp>. Acesso em: 8 jul. 2003.

BOSTON, Brad. Cisco systems CIO Brad Boston responds to Nicholas G. Carr's article 'IT doesn't matter'. 25 jun. 2003. Disponível em: <http://newsroom.cisco.com/dlls/hd_062503.html>. Acesso em: 26 jun. 2003.

BRENNER, Joel Glenn. *The emperors of chocolate: inside the secret world of Hershey and Mars.* Nova York: Random House, 1999.

BROOKS, John. *Telephone: the first hundred years.* Nova York: Harper & Row, 1976.

BROWN, John Seely; HAGEL, John, III. "Flexible IT, better strategy". *McKinsey Quarterly* n. 4 (2003). Disponível em: <http://www.mckinseyquarterly.com/article_page.asp?ar=1346&L2=13&L3=12&srid=l4&gp=1>. Acesso em: 10 out. 2003.

_____. Carta ao editor. *Harvard Business Review,* jul. 2003, p. 111.

BRYNJOLFSSON, Erik. "The IT productivity gap". *Optimize,* jul. 2003. Disponível em: <http://www.optimizemag.com/printer/021/pr_roi.html>. Acesso em: 8 set. 2003.

BRYNJOLFSSON, Erik; HITT, Lorin M. "Beyond computation: information technology, organizational transformation and business performance". *Journal of Economic Perspectives* 14, n. 4, 2000, p. 23-48.

_____. "Computing productivity: firm-level evidence". MIT Sloan Working Paper 4210-01, jun. 2003.

_____. Paradox lost? Firm-level evidence on the returns to information systems spending. *Management Science* 42, n. 4, abr. 1996, p. 541-558.

BULKELEY, William M. "CIOs boost their profile as they become cost cutters". *Wall Street Journal,* 11 mar. 2003.

CAMINER, David et al. *LEO: the incredible story of the world's first business computer.* Nova York, McGraw-Hill, 1998.

CAMPBELL-KELLY, Martin. *From airline reservations to sonic the hedgehog: a history of the software industry.* Cambridge: MIT Press, 2003.

CAMPBELL-KELLY, Martin; ASPRAY, William. *Computer: a history of the information machine.* Nova York: BasicBooks, 1996.

CARR, Nicholas G. "Be what you aren't". *Industry Standard,* 7 ago. 2000, p. 162.

_____. "The growing specter of deflation". *Boston Globe,* 8 jun. 2003.

_____. "IT doesn't matter". *Harvard Business Review,* maio 2003, p. 41-49.

CASSIDY, John. *Dot.com: the greatest story ever sold.* Nova York: HarperCollins, 2002.

CERUZZI, Paul E. *A history of modern computing.* 2. ed. Cambridge: MIT Press, 2003.

CHAMBERS, John. "The 2nd industrial revolution: why the internet changes everything". Discurso na Oracle AppsWorld 2001, Nova Orleans, 20-23 fev. 2001. Disponível em: <http://www.it-globalforum.org/panamit/dscgi/ds.py/Get/File-1056/Page_45-58_Oracle_Bus_Report.pdf>. Acesso em: 15 jul. 2003.

CHANCELLOR, Edward. *Devil take the hindmost: a history of financial speculation.* Nova York: Farrar, Straus and Giroux, 1999.

CHANDLER, Alfred D. Jr. *Scale and scope: the dynamics of industrial capitalism.* Cambridge: Harvard University Press, 1990.

_____. *The visible hand.* Cambridge: Harvard University Press, 1977.

CHRISTENSEN, Clayton M. *The innovator's dilemma: when new technologies cause great firms to fail.* Boston: Harvard Business School Press, 1997.

COASE, R.H. "The nature of the firm". *Economica,* nov. 1937, p. 386-405.

COLLINS, Jonathan. "The cost of Walmart's RFID edict". *RFID Journal*, 10 set. 2003. Disponível em: <http://www.rfidjournal.com/article/view/572/1/1/>. Acesso em: 1 out. 2003.

THE COMPASS world IT strategy census 1998-2000. Rotterdam, Holanda: Compass Publishing BV, 1998.

COMPER, Tony. Back to the future: a CEO's perspective on the IT post-revolution. Palestra no IBM Global Financial Services Forum, San Francisco, 8 set. 2003. Disponível em: <http://www2.bmo.com/speech/article/0,1259,contentCode-3294_divId-4_langId-1_navCode-124,00.html>. Acesso em: 23 set. 2003.

COMPETITION of locomotive carriages on the Liverpool and Manchester Railway. *Mechanics Magazine*, 17 out. 1829. Transcrito em Resco Railways website. Disponível em: <http://www.resco.co.uk/rainhill/rain2.html>. Acesso em: 8 fev. 2003.

COTTELEER, Mark. "An empirical study of operational performance convergence following enterprise IT implementation". Harvard Business School Working Paper 03-011, out. 2002.

DAVENPORT, Thomas H. *Mission critical: realizing the promise of enterprise systems*. Boston: Harvard Business School Press, 2000.

_____. Putting the enterprise into the enterprise system." *Harvard Business Review*, jul.-ago. 1998, p. 121-131.

DELONG, J. Bradford. "Macroeconomic implications of the 'New Economy'." maio 2000. Disponível em: <http://www.j-bradford-delong.net/OpEd/virtual/ne_macro.html>. Acesso em: 13 jan. 2003.

DOWNES, Larry; MUI, Chunka. *Unleashing the killer app: digital strategies for market dominance*. Boston: Harvard Business School Press, 1998.

DuBOFF Richard B. *Electric power in american manufacturing*, 1889--1958. Nova York: Arno Press, 1979.

FARRELL, Diana; TERWILLIGER, Terra; WEBB, Allen P. "Getting IT spending right this time". *McKinsey Quarterly*. n. 2, 2003. Disponível em: <http://www.mckinseyquarterly.com/article_page.asp?ar=1285 & L2=13&L3=13>. Acesso em: 14/ jul. 2003.

FOLEY, John. "Oracle targets ERP integration". *Information Week*, 30 mar. 1998. Disponível em: <http://www.informationweek com/675/ 75iuora.htm>. Acesso em: 8 jul. 2003.

FRIEDLANDER, Amy. *Emerging infrastructure: the growth of railroads*. Reston: CNRI, 1995.

_____. *Power and light: electricity in the U.S. energy infrastructure*, 1870--1940. Reston, VA: CNRI, 1996.

GAREISS, Robin. "Chief of the year: Ralph Szygenda". *InformationWeek*, 2 dez. 2002. Disponível em: <http://www.informationweek.com/story/IWK20021127S0011>. Acesso em: 23 jul. 2003.

GARTNER Dataquest. "Update: IT spending", jun. 2003. Disponível em: <http:// www.dataquest.com/press_gartner/quickstats/ITSpending.html>. Acesso em: 13 ago. 2003.

GATES, Bill. *The Road Ahead*. 2. ed. Nova York: Penguin, 1996.

GILL, Philip J. "ERP: keep it simple". *InformationWeek*, 9 ago. 1999. Disponível em: <http://www.informationweek.com/747/47aderp.htm>. Acesso em: 12 jul. 2003.

GLICK, Bryan. "IT suppliers racing to be an indispensable utility". *Computing*, 16 abr. 2003. Disponível em: <http://www.computingnet.co.uk/Computingopinion/1140261>. Acesso em: 18 jun. 2003.

GOFF, Leslie. Sabre takes off. *Computerworld*, 22 mar. 1999. Disponível em: <http://www.computerworld.com/news/1999/story/0,11280,34992,00.html>. Acesso em: 27 jun. 2003.

GORDON, Robert J. "Does the new economy measure up to the great inventions of the past?" *Journal of Economic Perspectives* 4, n. 14 (outono 2000), p. 49-74.

_____. "Five puzzles in the behavior of productivity, investment, and innovation". Rascunho do capítulo para o Fórum Econômico Mundial, Relatório sobre a competitividade mundial, 2003-2004, 10 set. 2003. Disponível em: <http://facultyweb.at.northwestern.edu/economics/gordon/WEFTEXT.pdf> Acesso em: 13 out. 2003.

_____. "Hi-tech innovation and productivity growth: does supply create its own demand?" Estudo para NBER, 19 dez. 2002.

GREENSPAN, Alan. "The revolution in information technology". Comentários diante da Conferência sobre a Nova Economia, na Faculdade de Boston, 6 mar. 2000. Disponível em: <http://www.federalreserve.gov/BOARDDOCS/SPEECHES/2000/20000306.htm> Acesso em: 5 jul. 2003.

HADDAD, Charles. "UPS vs. FedEx: ground wars". *Business Week,* 21 maio 2001, 64.

HAFNER, Katie; LYON, Matthew. *Where wizards stay up late: the origins of the internet.* Nova York: Simon & Schuster, 1996.

HAGEL, John. *Out of the box: strategies for achieving profits today and growth tomorrow through web services.* Boston: Harvard Business School Press, 2002.

HARDY, Quentin. "We did it". *Forbes,* 11 ago. 2003, p. 76.

HARVEY, Fiona. "Michael Dell of Dell Computer". *Financial Times,* 5 ago. 2003.

HAYES, Brian. "The first fifty years". *CIO Insight,* 1º nov. 2001. Disponível em: <http://www.cioinsight.com/article2/0,3959,49331,00.asp>. Acesso em: 12 jun. 2003.

HILDEBRAND, Carol. "Why squirrels manage storage better than you do". *Darwin,* abr. 2003. Disponível em: <http://www.darwinmag.com/read/040102/squirrels.html>. Acesso em: 10 jan. 2003.

Hitt, Lorin M., Brynjolfsson, Erik. "Productivity, business profitability, and consumer surplus: three *different* measures of information technology value". *MIS Quarterly* 20, n. 2, jun. 1996: p. 121-142.

Hobsbawm, Eric. *The age of capital,* 1848-1875. Nova York: Vintage, 1996.

_____. *The age of empire,* 1875-1914. Nova York: Vintage, 1989.

Hof, Robert D. The quest for the next big thing. *BusinessWeek,* 18-25 ago. 2003, p. 92.

Hopper, Max D. "Rattling SABRE — new ways to compete on information". *Harvard Business Review,* maio-jun. 1990, p. 118-125.

Jones, Kathryn. "The Dell Way". *Business* 2.0, fev. 2003, p. 60.

Kaye, Doug. *LooselyCoupled: the missing pieces of web services.* Marin County, California: RDS Press, 2003.

Kharif, Olga. "The fiber-optic 'glut'-in a new light." *BusinessWeek Online,* 31 ago. 2001. Disponível em: <http://www.businessweek.com/bwdaily/dnflash/aug2001/nf20010831_396.htm>. Acesso em: 18 dez. 2002.

Koch, Christopher. "The battle for web services". *CIO,* 1º out. 2003. Disponível em: <http://www.cio.com/archive/100103/standards.html>. Acesso em: 25 nov. 2003.

_____. "Your open source plan." *CIO,* 15 mar. 2003, p. 58.

KPMG. "Project risk management: information risk management". Londres: KPMG U.K., jun. 1999.

Landes, David S. *The unbound Prometheus.* Londres: Cambridge University Press, 1969.

Landler, Mark. "Titans still gather at Davos, shorn of profits and bavado." *Nova York Times,* 27 jan. 2003.

Lewis, William W. et al. "What's right with the U.S. economy." *McKinsey Quarterly*, n. 1, 2002. Disponível em: <http://www.mckinseyquarterly.com/article_page.asp?L2=19&L3=67&ar=1151&pagenum=1>. Acesso em: 23 ago. 2003.

Lohr, Steve. *Go to*. Nova York: Basic Books, 2001.

Lynch, Kevin. "Network software: finding the perfect fit." *Inbound Logistics*, nov. 2002. Disponível em: <http://www.inboundlogistics.com/articles/itmatters/itmatters1102.shtml>. Acesso em: 8 jul. 2003.

Madan, Rajen; Sorensøn, Carsten; Scott, Susan V. "'Strategy sort of died around april of last year for a lot of us': CIO perceptions on ICT value and strategy in the U.K. financial sector." Ensaio apresentado na 11ª Conferência Europeia sobre Sistemas de Informações, Nápoles, Itália, 19-21 jun. 2003.

Magretta, Joan; STONE Nan. *What management is: how it works and why it's everyone's business*. Nova York: Free Press, 2002.

Malone, Thomas W. *The future of work: how the new order of business will shape your organization, your management style and your life*. Boston: Harvard Business School Press, 2004.

Mangalindan, Mylene. "Oracle's Larry Ellison expects greater innovation from sector." *Wall Street Journal*, 8 abr. 2003.

Markoff, John; Lohr, Steve. "Intel's huge bet turns iffy." *Nova York Times*, 29 set. 2002.

Marshall, Charles; Konsynski, Benn; Sviokla, John. "Baxter International: oncall as soon as possible?" Estudo de caso comercial da Faculdade de Harvard n. 9-195-103, 1994 (revisado em 29 mar. 1996).

McAfee, Andrew. "New technologies, old organizational forms? reassessing the impact of IT on markets and hierarchies." Harvard Business School Working Paper 03-078, abr. 2003.

McKenney, James L.; COPELAND, Duncan C.; MASON, Richard O. *Waves of change: business evolution through information technology.* Boston: Harvard Business School Press, 1995.

McKinsey Global Institute, "Whatever happened to the new economy?" Relatório do McKinsey Global Institute, nov. 2002.

McNealy, Scott. Discurso na Conferência SunNetwork 2003, San Francisco, 16 set. 2003. Disponível em: <www.sun.com/aboutsun/media/presskits/networkcomputing03q3/mcnealykeynote.pdf>. Acesso em: 1 out. 2003.

Means, Grady. "Economics' new dimensions: why they're extreme, dramatic and radical". Discurso no Oracle AppsWorld 2001, New Orleans, 20-23 fev. 2001. Disponível em: <http://www.it-globalforum.org/panamit/dscgi/ds.py/Get/File-1056/Page_45-58_Oracle_Bus_Report.pdf>. Acesso em: 15 jul. 2003.

Micklethwait, John; Wooldridge, Adrian. *The company: a short history of a revolutionary idea.* Nova York: Modern Library, 2003.

Microsoft. What .NET means for IT professionals. 24 jul. 2002. Disponível em: <http://www.microsoft.com/net/business/it_pros.asp>. Acesso em: 28 jun. 2003.

Modifying Moore's Law. *The Economist,* pesquisa: The IT Industry, 10 mai. 2003, 5.

Moran, Nuala. "Looking for savings on distant horizons". *Financial Times,* 2 jul. 2003.

Moving Up the Stack. *The Economist,* pesquisa: The IT Industry, 10 maio 2003, p. 6.

Negroponte, Nicholas. *Being digital.* Nova York: Knopf, 1995.

Netcraft. "July 2003 web server survey." Disponível em: <http://news.netcraft.com/archives/2003/07/02/july_2003_web_server_survey.html>. Acesso em: 7 jul. 2003.

NEWING, Rod; STRASSMAN, Paul. "Watch the economics and the risk, not the technology." *Financial Times*, 5 dez. 2001.

NONNENMACHER, Tomas. History of the U.S. telegraph industry. *EH.Net Encyclopedia of Economic and Business History*. 15 ago. 2001. Disponível em: <http://www.eh.net/encydopedia/nonnenmacher.industry.telegraphic.us.php>. Acesso em: 20 jun. 2003.

NYE, David E. *Electrifying America: social meanings of a new technology*. Cambridge: MIT Press, 1990.

O'FARRELL, Peter. "Carr goes off the rail". Cutter Consortium Executive Update 4, n. 7, 2003. Disponível em: <http://www.cutter.com/freestuff/bttu0307.html#ofarrell>. Acesso em: 4 out. 2003.

OKIN, Harvey; PFAU, Daniel. "Connecting information technology to the business". *Accenture Outlook*, 2000.

OLINER, Stephen D.; SICHEL, Daniel E. "The resurgence of growth in the late 1990s: is information technology the story?" Relatório da diretoria do Banco Central Americano, fev. 2000. (Posteriormente publicado no *Journal of Economic Perspectives* 14, outono 2000, 3-22.)

PARK, Andrew; BURROWS, Peter. "Dell, the conqueror." *BusinessWeek*, 24 set. 2001, p. 92.

PETZINGER, Thomas Jr. *Hard landing: the epic contest for power and profits that plunged the airlines into chaos*. Nova York: Times Books, 1995.

PHILLIPS, Tim. "The Bulletin Interview: Larry Ellison". *The Computer Bulletin*, jul. 2002. Disponível em: <http://www.bcs.org.uk/publicat/ebull/july02/intervie.htm>. Acesso em: 7 jan. 2003.

PILAT, Dirk; WYCKOFF, Andrew. "The impacts of ICT on economic performance — an international comparison at three levels of analysis". Estudo apresentado na conferência do Departamento de Comércio Americano, Transformando as Empresas, jan. 2003.

Pohlmann, Tom; Mines, Christopher; Child, Meredith. *Linking IT spend to business results*. Relatório do instituto de pesquisas Forrester, out. 2002.

Porter, Michael E. *Competitive advantage: creating and sustaining superior performance*. Nova York: Free Press, 1985.

_____. "Strategy and the internet". *Harvard Business Review*, mar. 2001, p. 62-78.

Prasad, Baba; Harker, Patrick T. "Examining the contribution of information technology toward productivity and profitability in U.S. retail banking". Relatório de trabalho do Centro de Instituições Financeiras Wharton 97-09, mar. 1997, p. 18.

Progressive Policy Institute. "Computer Costs Are Plummeting." *The New Economy Index,* nov. 1998. Disponível em: <http://www.neweconomyindex.org/section1_page12.html>. Acesso em: 12 jan. 2003.

Read, Donald. *The power of news: the history of Reuters, 1849-1989*. Oxford: Oxford University Press, 1992.

Reimers, Barbara DePompa. "Five Cost-Cutting Strategies for Data Storage". *Computerworld,* 21 out. 2002. Disponível em: <http://www.computerworld.com/hardwaretopics/storage/story/0,10801,75221,00.html>. Acesso em: 5 fev. 2003.

Ricadela, Aaron. "Amazon says it's spending less on IT". *Information Week*, 31 out. 2001. Disponível em: <http://www.informationweek.com/story/IWK20011031S0005>. Acesso em: 7 jul. 2003.

Ristelhueber, Robert; Shah, Jennifer Baljko. "Energy crisis threatens Silicon Valley's growth". *EBN,* 19 jan. 2001. Disponível em: <http://www.ebnonline.com/story/OEG20010119S0033>. Acesso em: 11 ago. 2003.

Roth, Daniel. "Can EMC restore its glory?" *Fortune,* 8 jul. 2002, p. 107.

Schrage, Michael. Walmart trumps moore's law. *Technology Review,* mar. 2002, p. 21.

Schurr, Sam H. et al. *Electricity in the American economy: agent of technological progress.* Westport, CT: Greenwood Press, 1990.

Shapiro, Carl; Varian, Hal R. *Information rules: a strategic guide to the network economy.* Boston: Harvard Business School Press, 1999.

Sliwa, Carol. "Wal-Mart suppliers shoulder burden of daunting RFID effort". *Computerworld,* 10 nov. 2003. Disponível em: <http://www computerworld.com/news/2003/story/0,11280,86978,00.html>. Acesso em: 25 nov. 2003.

Slywotzky, Adrian; Wise, Richard. "An unfinished revolution". *MIT Sloan Management Review* 44, n. 3 (primavera 2003), p. 94.

Smith, Howard; Fingar, Peter. 21st century business architecture. 2003. Disponível em: <http://www.bpmi.org/bpmi-library/D7B509F211.BPM21CArch.pdf>. Acesso em: 29 set. 2003.

Solow, Robert M. "We'd better watch out". *Nova York Times Book Review,* 12 jul. 1987, p. 36.

Standage, Tom. *The Victorian internet.* Nova York: Walker & Company, 1998.

Standish Group. "Chaos: a recipe for success". Relatório do grupo Standish, 1999.

_____. "The Chaos Report (1994)". Relatório do grupo Standish, 1994.

Tapscott, Don. "Rethinking strategy in a networked world". *Strategy and Business,* n. 24, terceiro trimestre 2001, p. 39.

Tapscott, Don; Ticoll, David; Lowy, Alex. *Digital capital: harnessing the power of business webs.* Boston: Harvard Business School Press, 2000.

TAYLOR, Paul. "GE: trailblazing the Indian phenomenon". *Financial Times*, 2 jul. 2003.

THURM, Scott; WINGFIELD, Nick. "How Titans swallowed Wi-Fi, stifling Silicon Valley uprising". *Wall Street Journal*, 8 ago. 2003.

TICOLL, David. "In writing off IT, you write off innovation". *Toronto Globe and Mail*, 29 maio 2003.

U.S. DEPARTMENT OF COMMERCE. *The emerging digital economy*. abr. 1998.

VARIAN, Hal R. "If there was a new economy, why wasn't there a new economics?" *Nova York Times*, 17 jan. 2002.

VERYARD, Richard. *The component-based business: plug and play*. Londres, primavera, 2000.

WALKER, Rob. "Interview with Marcian (Ted) Hoff". *Silicon Genesis: Oral Histories of Semiconductor Industry Pioneers*. 3 mar. 1995. Disponível em: <http://www.stanford.edu/group/mmdd/SiliconValley/SiliconGenesis/TedHoff/Hoff.html>. Acesso em: 16 jun. 2003.

WATERS, Richard. "Corporate computing tries to find a new path". *Financial Times*, 4 jun. 2003.

_____. In search of more for less. *Financial Times*, 29 abr. 2003.

WEINSTEIN, Bernard L.; CLOWER, Terry L. "The impacts of the Union Pacific service disruptions on the Texas and national economies: an unfinished story". Relatório preparado para a Comissão das Ferrovias do Texas pelo Centro de Desenvolvimento e Pesquisas Econômicas da Universidade do Norte do Texas, 9 fev. 1998.

WELCH, Jack; BYRNE John A. *Jack: straight from the gut*. Nova York: Warner Books, 2001.

ZAKON, Robert H'obbes'. "Hobbes' internet timeline" v. 6.1. 2003. Disponível em: <http://www.zakon.org/robert/internet/timeline>. Acesso em: 23 jan. 2003.

ZYGMONT, Jeffrey. *Microchip: an idea, its genesis, and the revolution it created.* Cambridge, MA: Perseus, 2003.

O Grande Debate: reações ao artigo "A TI não é importante"

O meu artigo "IT doesn't matter" [A TI não é importante], publicado na edição de maio de 2003 da *Harvard Business Review,* provocou muitas respostas diferentes. A seguir são apresentadas algumas das mais significativas, representando todos os lados da questão. Esta seleção limita-se a artigos e palestras em inglês. Uma lista mais abrangente pode ser encontrada em <www.nicholasgcarr.com/articles/matter.html>.

ANDREWS, Paul. "IT does matter; fixing it might just convince us". *Seattle Times,* 23 jun. 2003.

BOSTON, Brad. "Cisco Systems' CIO Brad Boston responds to Nicholas G. Carr's article 'IT doesn't matter'", 25 jun. 2003. Disponível em: <http://newsroom.cisco.com/dlls/hd_062503.html>. Acesso em: 26 jun. 2003.

BRANSCOMBE, Mary. "Fair exchange". *The Guardian* (Londres), 12 jun. 2003.

CHAMPY, James. "Technology doesn't matter — but only at Harvard". *Fast Company,* dez. 2003, p. 119.

COLONY, George F. "Low icebergs". *Forrester.com,* 17 jun. 2003. Disponível em: <http://www.forrester.com/ER/Research/Brief/0,1317,16990,00.html>. Acesso em: 20 out. 2003.

Comper, Tony."Back to the future: a CEO's perspective on the IT post-revolution". Palestra no Fórum Mundial IBM de Serviços Financeiros, San Francisco, 8 set. 2003. Disponível em: <http://www2.bmo.com/speech/article/0,1259,contentCode-3294_divId-4_langId-1_navCode-124,00.html>. Acesso em: 23 set. 2003.

Does IT Matter? An HBR Debate. *Harvard Business Review,* jun. 2003. Disponível em: <harvardbusinessonline.hbsp.harvard.edu/b01/en/files/topic/web_Letters.pdf>. Acesso em: 3 jul. 2003. Este documento eletrônico reúne cartas escritas ao editor da *Harvard Business Review* de autoria de John Seely Brown e John Hagel III, F. Warren McFarlan e Richard L. Nolan, Paul A. Strassman, Vladimir Zwass, e Vijay Gurbaxani, entre outros, e inclui uma introdução de autoria de Thomas A. Stewart e uma resposta minha.

Evans, Bob. "IT doesn't matter?" *Information Week,* 12 maio 2003. Disponível em: <http://www.informationweek.com/story/showArticle.jhtml?articleID=9800088>. Acesso em: 15 maio 2003.

_____. "IT is a must, no matter how you view it". *Information Week,* 19 maio 2003. Disponível em: <http://www.informationweek.com/story/showArticle.jhtml?articleID=10000185>. Acesso em: 28 maio 2003.

Farber, Dan. "The end of IT as we know it?" *ZDNet,* 28 maio 2003. Disponível em: <http://techupdate.zdnet.com/techupdate/stories/main/0,14179,2913824,00.html>. Acesso em: 5 jun. 2003.

_____. "What matters more than IT". *ZDNet,* 30 set. 2003. Disponível em: <http://techupdate.zdnet.com/techupdate/stories/main/0,14179,2914761,00.html>. Acesso em: 8 out. 2003.

GATES, Bill. Comentários na Reunião de Cúpula de CEOs da Microsoft. Redmond, Washington, 21 maio 2003. Disponível em: <http://wwwmicrosoft.com/billgates/speeches/2003/05-21ceosummit2003.asp>. Acesso em: 4 jun. 2003.

HAYES, Frank. "IT delivers". *Computerworld,* 19 maio 2003. Disponível em: <http://www.computerworld.com/managementtopics/ management/story/0,10801,81278,00.html>. Acesso em: 1 jun. 2003.

HOF, Robert D. "Andy Grove: 'we can't even glimpse the potential'". *BusinessWeek,* 25 ago. 2003, p. 86.

_____. "Nick Carr: the tech advantage is overrated". *BusinessWeek,* 25 ago. 2003, p. 82.

KEEFE, Patricia. "IT does matter". *Computerworld,* 12 maio 2003. Disponível em: <http://www.computerworld.com/managementtopics/management/story/0,10801,81094,00.html>. Acesso em: 15 maio 2003.

KIRKPATRICK, David. "Does IT matter? CEOs and CIOs sound off". *Fortune,* 3 jun. 2003. Disponível em: <http://www.fortune.com/fortune/fastforward/0,15704,456246,00.html>. Acesso em: 5 jun. 2003.

_____. "Stupid-journal alert". *Fortune,* 27 mai. 2003. Disponível em: <http://www.fortune.com/fortune/fastforward/0,15704,454727,00.html>. Acesso em: 5 jun. 2003.

LANGBERG, Mike. "IT's future: invisible or invaluable?" *San Jose Mercury News,* 16 jun. 2003.

LASHINSKY, Adam. "Tech matters. So what?" *CNN Money,* 28 maio 2003. Disponível em: <http://money.cnn.com/2003/05/27/commentary/bottomline/lashinsky/>. Acesso em: 5 jun. 2003.

Leibs, Scott. "An exercise in utility". *CFO.com,* 16 jun. 2003. Disponível em: <http://www.cfo.com/article/1,5309,9743%7C%7CM%7C606,00.html>. Acesso em: 18 jun. 2003.

Levy, Steven. "Twilight of the PC era?" *Newsweek,* 24 nov. 2003, p. 54.

Lohr, Steve. "A new technology, now that new is old". *Nova York Times,* 4 maio 2003.

_____. "Has technology lost its 'special' status?" *Nova York Times,* 16 maio 2003.

Maney, Kevin. "How IBM, Dell managed to build crushing tech dominance". *USA Today,* 20 maio 2003.

Melymuka, Kathleen. "Get over yourself". Entrevista com Nicholas G. Carr. *Computerworld,* 12 mai. 2003. Disponível em: <http://www.computerworld.com/managementtopics/roi/story/0,10801,81045,00.html>. Acesso em: 15/5/2003.

_____. "IT does so matter!" (entrevista com Rob Austin, Andrew McAfee, Paul Strassman e Tom DeMarco. *Computerworld,* 7 jul. 2003. Disponível em: <http://www.computerworld.com/managementtopics/roi/story/0,10801,82738,00.html>. Acesso em: 12 jul. 2003.

Mendham, Tim. "Fightin' words". *CIO Australia,* 8 out. 2003. Disponível em: <http://www.cio.com.au/index.php?id=1599085755&fP=16&fpid=0>. Acesso em: 11 out. 2003.

Morris, James A. "IT still IT — in essential, enabling sort of way". *Pittsburgh Post-Gazette,* 7 set. 2003.

Schrage, Michael. "Why IT really does matter". CIO, 1º ago. 2003. Disponível em: <http://www.cio.com/archive/080103/work.html>. Acesso em: 3 out. 2003.

SMITH, Howard; FINGAR, Peter. "IT doesn't matter — business processes do: a critical analysis of Nicholas Carr's I.T". *Harvard Business Review*. Tampa: Meghan-Kiffer, 2003.

STEINKE, Steve. "IT? Does it matter?" *NetworkMagazine.com,* 7 jul. 2003. Disponível em: <http://www.networkmagazine.com/shared/article/showArticlejhtml?articleId=10818275&classroom=>. Acesso em: 22 jul. 2003.

TASCHEK, John. "IT does matter". *Eweek,* 14 jul. 2003. Disponível em: <http://www.eweek.com/article2/0,3959,1192040,00.asp>. Acesso em: 21 jul. 2003.

VAAS, Lisa. "IT losing steam?" *Eweek,* 2 jun. 2003. Disponível em: <http://www.eweek.com/article2/0,3959,1115053,00.asp>. Acesso em: 10 jun. 2003.

WALKER, Leslie. "Falling off of the cutting edge". *Washington Post,* 29 maio 2003.

WEISMAN, Robert. "Tech-as-commodity debate will be spring rage". *Boston Globe,* 3 ago. 2003.

Este livro foi impresso pela
Prol Gráfica em papel *offset* 75 g.